C++과 OpenCV 한 번에 배우기

이 강 지음

도서출판 홍릉

저자소개

이 강 한동대학교 전산전자공학부 교수

서울대학교 컴퓨공학 학사, 석사, 박사
미국 UC Irvine 방문교수
전) 한동대학교 전산전자공학부 학부장
전) 한동대학교 공학교육혁신센터 센터장
전) 한동대학교 IT융합대학장
현) 한국정보과학회 이사
현) 한동대학교 소프트웨어중심대학 지원사업단 단장
현) 한동대학교 산학연구처장 및 한동대학교 산학협력단장

C++과 OpenCV
한번에 배우기

인 쇄 : 2022년 6월 2일 초판 1쇄
발 행 : 2022년 6월 10일 초판 1쇄

저 자 : 이 강
발행인 : 송 준
발행처 : 도서출판 홍릉
주 소 : 01093 서울시 강북구 인수봉로 50길 10
등 록 : 1976년 10월 21일 제5-66호

전 화 : 02-999-2274~5
팩 스 : 02-905-6729
e-mail : hongpub@hongpub.co.kr
http://www.hongpub.co.kr
ISBN : 979-11-5600-043-3(93000)

정 가 : 19,000원

머리말

OpenCV는 영상처리를 공부하려는 거의 모든 이들이 필수적으로 학습해야 하는 내용이다. 그런데, C++ 프로그래밍과 OpenCV를 동시에 배울 수 있는 교재가 시중에 부족하다. 본 저자는 영상처리 입문을 위해서 C++과 OpenCV를 학생들에게 방학 중 단기 캠프를 이용하여 여러 차례 강의하고 코딩 실습을 지도한 바가 있다. 그때마다 이에 적절한 실습 교재가 부족하여 그때마다 간단한 별도 교재를 만들어 제공하곤 하였는데 이번에 이러한 내용을 책 한권에 담을 수 있게 되어 다행이다. 이 책에서는 이 두가지 학습을 한권으로 할 수 있도록 기획되고 편찬되었다. 다만, 이 책은 초보자를 대상으로 하였기에 세그멘테이션, 특징점 추출, 영상 인식, 머신러닝 등을 이용한 영상 처리의 고급 주제들에 대해서는 다루지 않았다. 참고로 python을 최근 많이 활용하여 openCV 프로그래밍도 하는 추세이긴 하지만 효율성과 기존 시스템과의 호환성 등을 이유로 여전히 C++ 프로그래밍에 대한 수요가 존재하고 오히려 C++로 영상처리를 제대로 구현하는 개발자들에 대한 산업계의 구인 요구가 여전하여 이 책은 C++을 기준으로 OpenCV를 소개하고자 한다.

이 책의 장점 및 특징은 다음과 같다.

- C++ 문법과 OpenCV 및 영상처리 기초 이해를 한권에 담았다.
- openCV 초보 학습자를 대상으로 하였다.
- C에 대한 핵심 내용 복습을 담아서 C++을 학습할 때 필요한 기초를 제공한다.
- OpenCV 예제 코드를 주제별로 충분히 제공하고자 하였다.
- 차선인식을 프로젝트 예시 코드를 제공하고 있어 실전 프로그래밍에 도움이 된다.

차례

1부 C++ 코딩 준비

2부 C보다 더 편한 언어로서의 C++

3부 객체지향 언어로서의 C++

4부 고급 C++ 기능

5부 OpenCV를 이용한 영상처리 기초

1부

C++ 코딩 준비

01 CHAPTER

Microsoft Visual Studio 무작정 따라하기

1 Visual Studio 2019를 시작한다.
처음 사용하는 사용자라면, 첫 화면에서 '새프로젝트 만들기'를 선택한다.

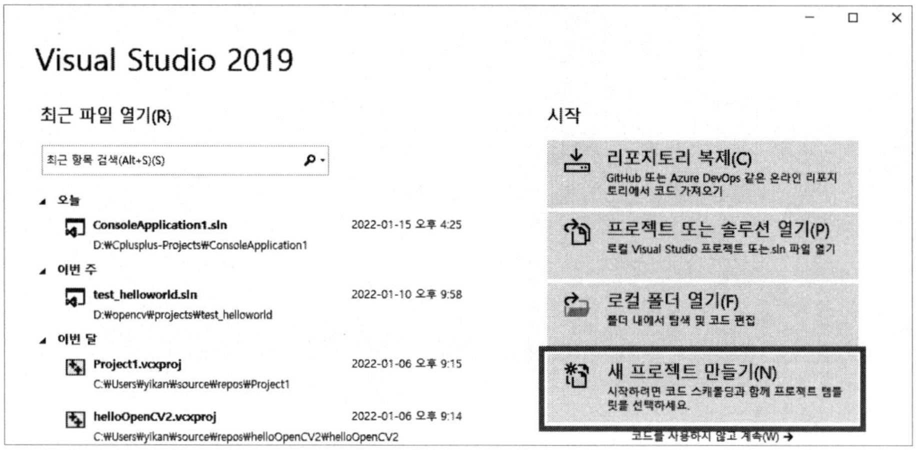

2 파일 메뉴 → 새로만들기 → 프로젝트...를 선택한다.

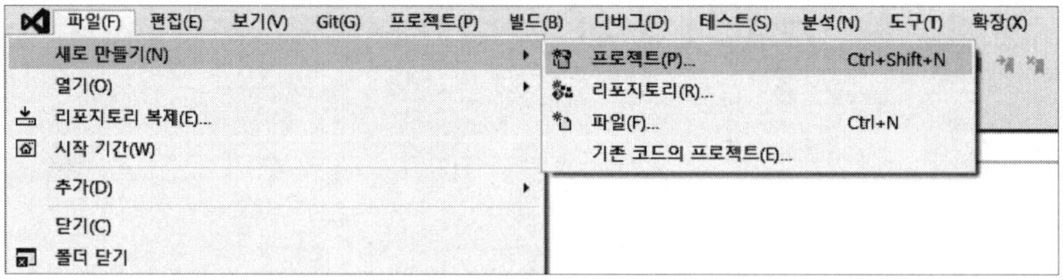

3 새프로젝트 만들기에서 프로젝트 유형을 콘솔 앱으로 선택하고 '다음' 버튼을 클릭한다.

4 프로젝트명과 경로를 설정하고 '만들기' 버튼을 클릭한다. 프로젝트명은 임의로 할 수 있으나 이 예제에서는 경로를 D:\\cplusplus-prohect로 정하고 파일명은 ConsoleApplication1으로 하였다.

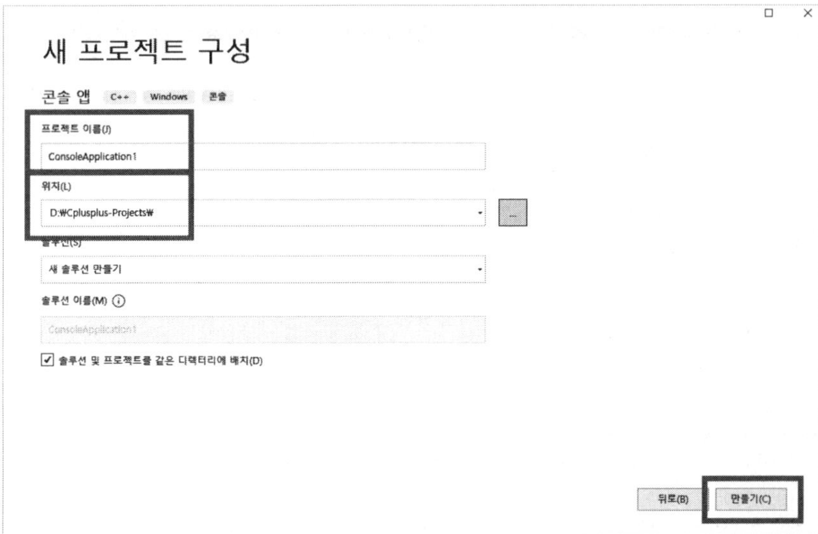

5. 프로젝트가 성공적으로 생성되면 아래와 같은 화면 구성을 확인할 수 있다. 가운데가 C++ **소스코드 편집기** 창이고 우측 (또는 좌측)에 **솔루션 탐색기 창**이 보이고 맨아래 **출력 창**이 보인다. 이 구성은 사용자가 임의로 변경이 가능하다 (예를 들어 솔루션 탐색기를 좌측 옆에 배치할 수도 있고 자동으로 숨기기를 할 수도 있다) 소스코드에는 #include <iostream>이 먼저 나오고 이어서 main 함수가 있는데, 함수 내용은 “Hello World”를 출력하기 위한 한줄 코드이다.

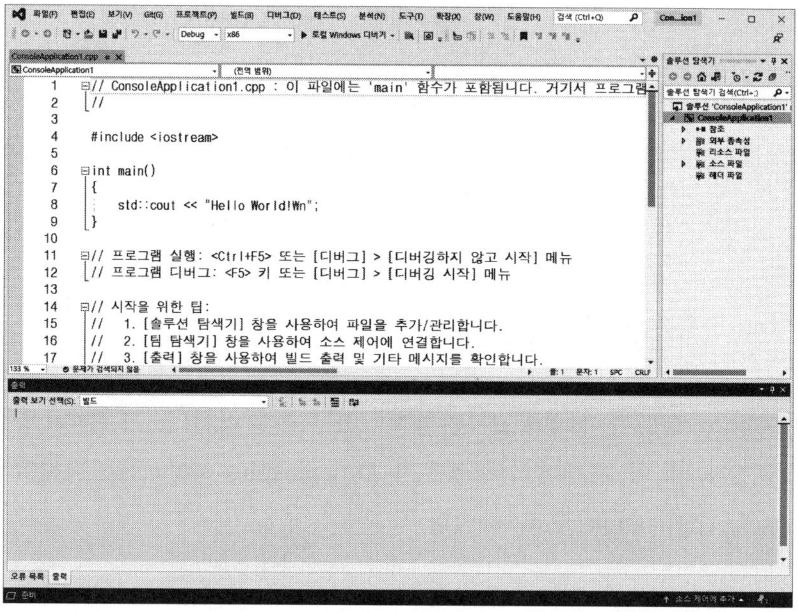

6. 빌드 메뉴 아래 솔루션 빌드를 클릭한다.

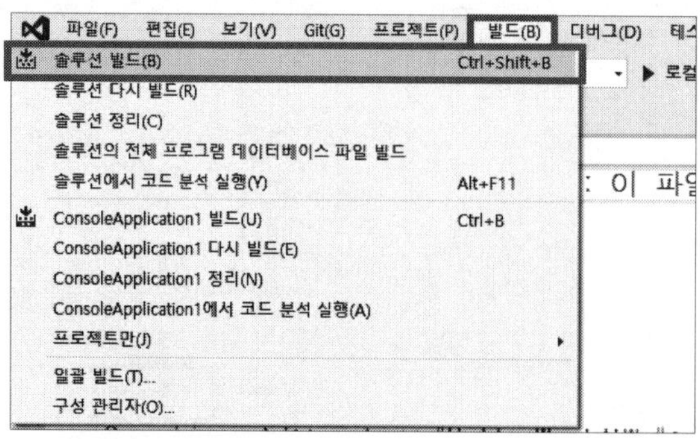

빌드가 성공하면 아래 출력창에 '빌드: 성공 1, 실패 0'이란 메시지가 출력된다.

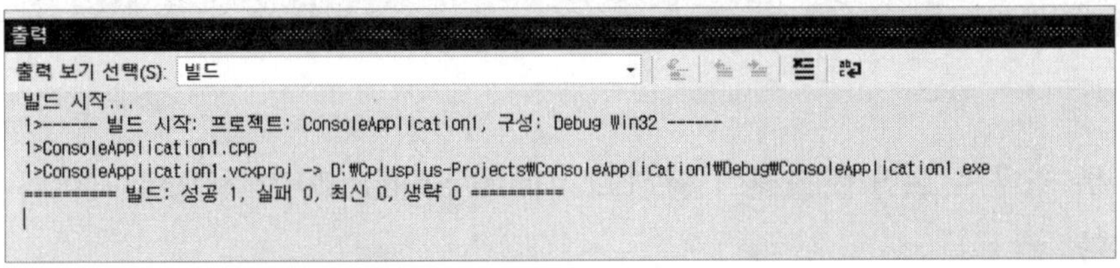

7 디버그 메뉴 아래 '디버그 하지 않고 시작' (또는 Ctrl-F5 입력)을 클릭한다.

8 위 (6)-(7)의 과정을 버튼 '로컬 Windows 디버거'를 클릭해서 한번에 실행도 가능하다.

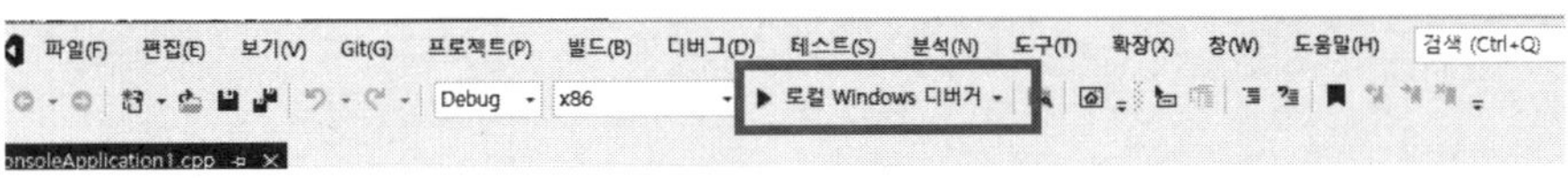

9 콘솔창이 자동으로 열리고 메시지가 출력된다.

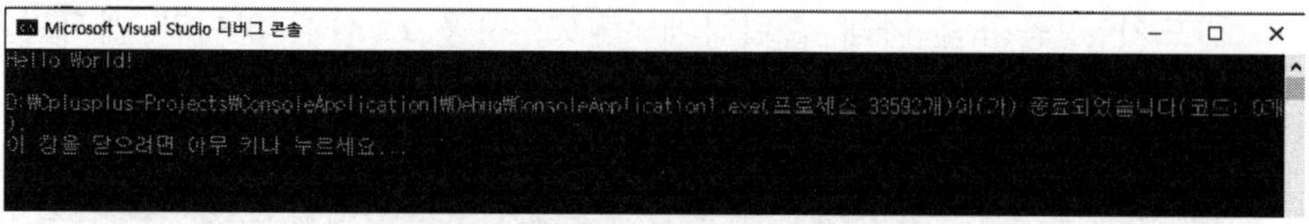

10 아무 키나 누르면 콘솔창이 닫히고 VIsual Studio 2019 창으로 제어가 되돌아 온다.

C 프로그래밍 핵심 복습

02
CHAPTER

2.1 C 프로그램의 기본 구조

(1) 프로그램 실행 흐름

- 하나의 C 프로그램은 함수들의 집합이다.
- main 이란 이름을 가진 함수는 유일하게 하나 존재해야 한다.
- 프로그램의 실행은 main 함수를 호출함으로 시작되고, main 함수를 종료하면 프로그램의 실행도 마치게 된다.
- main 함수에서 시작된 다른 함수들의 호출이 연쇄적으로 일어나면서 프로그램이 실행되는 것이다.
- 사용자가 작성한 프로그램 소스 파일을 컴파일(번역)하는 과정에서 컴파일러가 제공하는 라이브러리에 포함된 여러 가지 함수들과 연결되어 실행 이진 프로그램 화일이 완성된다.

(2) 변수 개념

- 프로그램에서 입력 데이터나 계산 결과 값을 저장하는 임시 기억장소를 변수라고 부른다. 변수는 먼저 선언이 되고나서 사용되어야 한다.
- 변수의 의미는 할당문에서 '=' 연산자를 기준으로 사용 위치에 따라 크게 l-value와 r-lvalue(RHS)로 나눈다. r-value(LHS)는 변수에 저장된 값을 의미하는 것이고 l-value는 변수의 위치를 의미하는 것이다. 아래 예시를 중심으로 설명하자.

```
var = 1;
var = var + 100;
```

위 첫 줄은 var란 기억장소에 1이란 정수값을 저장하라는 뜻이고 위 두 번째 줄의 의미는 var란 변수의 값에 100을 더해서 var 변수에 저장하라는 뜻인데, 여기서 = 연산자 우측의 var란 명칭은 var **변수에 저장된 값**을 뜻하는 것이고 = 연산자 좌측의 var이란 변수명은 var란 **변수가 차지하는 기억장소의 위치**를 나타낸다.

- 변수의 선언에는 변수의 타입과 변수의 이름, 변수의 초기값 등의 정보를 제공하게 된다. 변수의 이름은 가급적 어떤 목적의 변수인지 알 수 있는 이름을 사용할 것을 권장한다. 변수의 선언시에 초기값을 주어야 프로그램의 오류 가능성을 줄일 수 있다.
- 변수의 타입이 가지는 정보는, 다음과 같은 핵심적 사항을 내포한다.
  - 변수가 차지하는 메모리의 크기(몇 바이트의 메모리를 필요로 하는지 알려준다.)
  - 변수를 읽고 해석하는 기준을 제시한다.

다음과 같은 변수 선언문이 있을 경우를 예로 들자.

```
int var1;
char var2;
unsigned short int var3;
```

var1은 4바이트(32비트), var2는 1바이트(8비트), var3은 2바이트(16비트)의 기억장소를 각기 차지한다. 또한, var1의 값을 해석할 때는 32비트 값 중에서 맨 왼쪽의 한 비트(MSB)를 부호 비트로 간주하고 2's complement로 정수값을 해석하지만, var3의 값을 해석할 때는 MSB를 부호로 해석하지 않고 16비트 전체를 하나의 양수의 나타내는 수로 해석한다.

- 변수의 선언 위치는 함수의 내부 시작 부분에서 하거나 함수의 밖에 선언한다. 함수 내부에서 선언된 변수를 로컬 (지역)변수라고 하고 함수 밖에 선언된 변수를 글로벌 (전역) 변수라고 한다. 로컬 변수는 함수가 호출될 때 생성되고 초기화되었다가 함수가 return하여 종료될 때 사라지게 된다. 글로벌 변수는 프로그

램의 시작 시점에 생성되고 프로그램이 종료하면 비로소 소멸된다. 즉, 글로벌 변수는 프로그램의 전체 실행 시간 동안 그 기억장소를 계속 유지하지만 로컬 변수는 기억장소를 함수의 실행 시간 동안만 유지하는 차이가 있다. 또한, 로컬 변수는 그 변수가 선언된 함수 내에서만 접근이 가능하지만 글로벌 변수는 프로그램 전체에서 접근이 가능하다.

2.2 제어문

(1) 조건문

프로그램의 흐름은 처음부터 차례대로 문장들을 실행하는 것이 기본이지만, if-else, else-if, switch, 문을 만나면 조건에 따라 선택적으로 실행하게 된다.

■ if–else 문 :

```
if(조건)
조건이 TRUE인 경우 수행할 문장
[ else
조건이 FALSE인 경우 수행할 문장
]
```

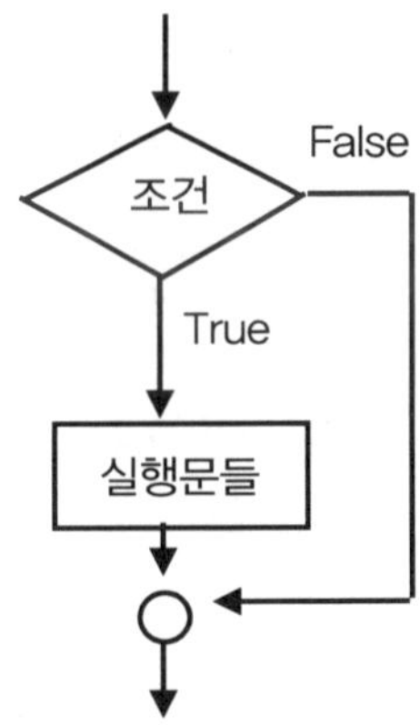

예 :

```
if(a >1)  x = a/2 ;
else      x = a*2;
(x>1일 때 x=a/2가 실행, x<=1 일 때는 x=a*2가 실행됨)
```

■ else–if문 :

```
if(조건1)
    조건1이 TRUE인 경우 수행할 문장
else if (조건2)
    조건1이 FALSE이고 조건2가 TRUE인 경우 수행할 문장
else if (조건3)
...............
```

```
else
    앞의 모든 조건들이 FALSE인 경우 수행할 문장
```

예 :

```
if(a>10)
    x = 1;
else if(a > 0)
    x = 2;
else
    x = 3;
```

(a> 10이면 x = 1이 실행, a <= 10이고 a>0 이면 x = 2, a <=0이면 x = 3 실행)

■ switch문 :

```
switch (조건) {
  case 정수 상수-1 : (조건 == 정수 상수-1)일 경우 수행할 문장
                     break;
  case 정수 상수-2 : (조건 == 정수 상수-2)일 경우 수행할 문장
                     break;
  case 정수 상수-3 : (조건 == 정수 상수-3)일 경우 수행할 문장
                     break;
  default: 조건의 값에 해당하는 case가 하나도 없을 경우에 수행할 문장
                     break;
}
```

예 :

```
switch(a) {
case 1 : x = 1; break;
case 2 : x = 2; break;
case 3:  x = 3; break;
default : x = 4; break;
}
```

(a가 1이면 x =1, a가 2이면 x=2, a가 3이면 x=3, x가 그외의 값이면 x=4)

■ conditional operator :

수식1 ? 수식1이 TRUE일 경우 계산할 수식: 수식1이 FALSE일 경우 계산할 수식

예 :

```
x =  a > b ? a*b : a/b ;
(a > b일 경우는 a*b, a<=b일 경우는 a/b가 x에 각각 할당된다.)
```

(2) 반복문

반복문의 종류에는 while문, for문, do while문의 3가지 종류가 있다. 반복문들은 대개 반복을 위한 조건을 포함하게 되는데, 조건이 항상 참이거나 반복 조건이 아예 생략된 경우들이 있다. 이런 경우는 무한 반복문(infinite loop)이라고 부른다. 각 반복문의 형식과 사용 예를 아래에 정리하였다.

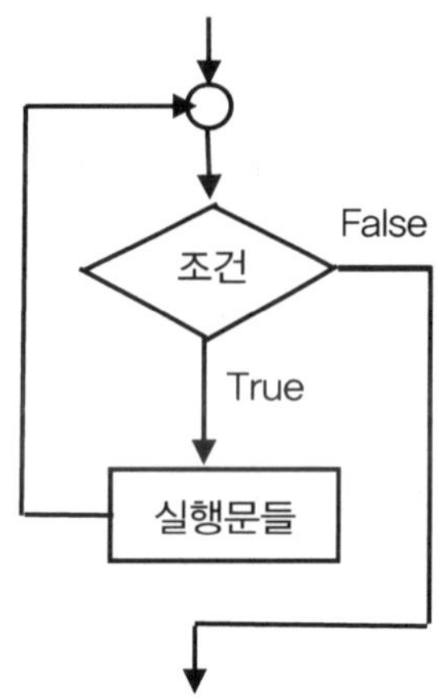

■ while문

형식: while(조건)

```
            실행할 문장(들)
```

예 :

```
while(x>5){
    printf("%d",x);
    x++;
}
```

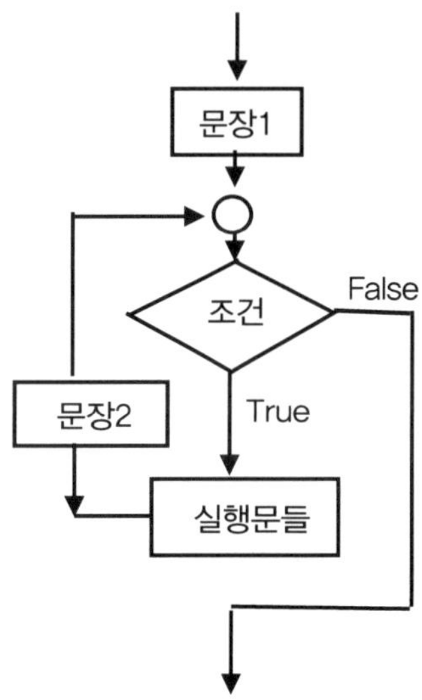

■ for문

형식: for(문장1;조건; 문장2)

```
            실행할 문장(들)
```

예 :

```
for(sum=0,i=1; i <= 10; i++)
    sum = i++;
```

주: 1. 실행할 문장이 둘 이상이면 {와 }로 둘러싼 문장 블록을 만들어야 한다.

2. “,”(comma) 연산자는 여러 개의 문장

들을 하나의 문장처럼 역할하도록 한다. 실행 순서는 좌에서 우로 실행되며, 다른 연산자들에 비해서 가장 낮은 연산자 우선순위를 가진다.

- do while문

  형식 : `do { 실행할 문장(들) }while(조건) ;`

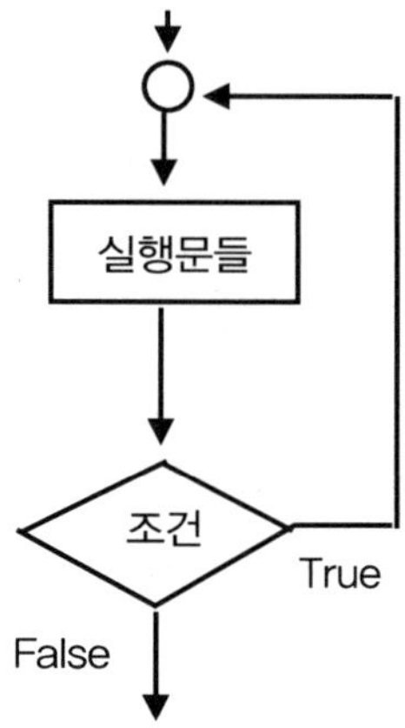


```
예 : do {
        scanf("%d",&x);
        printf("%d",x*x);
     while(x != 0);
```

주: do while문은 조건에 관계없이 적어도 한번은 실행되어야 할 문장이 있을 때 매우 유용하다.

이외에도 문장의 흐름을 바꾸기 위해서 break문과 continue문이 반복문 안에서 사용된다. break문이 실행되면 무조건 현재의 위치에서 가장 안쪽 순환문 전체를 종료하게 된다.

예를 들어, 입력받은 문자들의 대문자와 소문자의 개수를 세는 프로그램은 다음과 같이 쓸 수 있다. 입력 문자열의 끝을 #으로 표시한다고 가정하였다.

```
while(1) {
    scanf("%c",&c);
    if(c == '#') break;
    if(c <= 'z' && c >= 'a') lower++;
    if(c <= 'Z' && c >= 'A') upper++;
}
```

continue문이 실행되면 무조건 현재의 위치에서 가장 안쪽 순환문의 조건 test 부분으로 실행위치가 변경된다. 예컨대, 0에서 99까지의 수들 중에서 3의 배수가 아닌 수들의 합을 구하는 프로그램은 다음과 같이 continue문을 사용하여 나타낼 수 있다.

```
for(sum = 0, i=0; i < 100; i++)
{
    if(i%3 == 0)
        continue;
    sum += i++;
}
```

(3) goto 문

이 외에 잘 쓰이지는 않지만, 임의의 지점으로 프로그램의 흐름을 무조건 바꾸는 goto 문이 있다. goto 문의 양식은 다음과 같다.

```
goto 문의 양식:
  goto label;
/* 문장들 */
label:  ......
```

label은 영문자와 숫자로 구성된다. goto 문에 의해서 "label:"으로 표시된 임의의 지점으로 프로그램의 흐름이 옮겨간다.

2.3 배열

(1) 일반 배열

배열(array)은 같은 type의 데이터가 연이은 주소에 반복적으로 위치한 것을 쉽게 나타내는 방법이다. 배열을 정의하는 방법은 배열의 이름과 배열의 크기를 다음과 같이 선언하면 된다.

```
배열의 원소의 type 배열의 이름 [ 배열의 크기 ]
```

한 배열을 이루는 각각의 데이터를 배열의 원소(element)라고 한다. 만약, 배열의 이름이 ARY이고 배열의 크기가 N이라면 배열의 각 원소는 다음과 같이 나타낼 수 있다. ARY[0]은 첫 번째 원소이고, ARY[1]은 두 번 원소이다. 주의할 점은, ARY

[N-1]이 N번째 원소(마지막 원소)라는 점이다.

```
ARY[0]
ARY[1]
  ...
ARY[N-1]
```

각 배열들의 주소는 순차적으로 주어지는데, 주목할 사항은 배열의 이름 자체가 첫 번째 배열의 주소를 나타내는 상수라는 점이다. 즉, 아래와 같다.

```
ARY == &(ARY[0])
```

이 상황을 그림을 통해 나타내보면 다음과 같다. 배열의 모든 원소들은 같은 type의 데이터를 가지기 때문에 원소마다 차지하는 메모리의 크기가 동일하다.

주소	배열 이름
ARY	ARY[0]
ARY+1	ARY[1]
ARY+2	ARY[2]
.....	.....
ARY+N-1	ARY[N-1]

1차원 배열뿐만 아니라 2차원 이상의 배열도 가능하다. 2차원은 정의할 때는 다음과 같이 인덱스 표기란을 두 개를 사용한다.

```
배열의원소의 type 배열의 이름 [행의 갯수][열의 개수] ;

char MULT [2][3];
```

2차원 배열의 원소를 참조할 때는 다음과 같이 두 개의 인덱스를 이용한다. 이때도 주의할 점은, 행(열)의 인덱스의 범위는 0에서 행(열)의 개수-1 라는 사실이다.

```
배열의 이름[행번호][열번호]
```

2차원 배열도 실제 기억장소에서는 일차원으로 나타낼 수밖에 없기 때문에 배열의 각 원소들의 실제 주소는 다음과 같이 계산된다.

```
&(MULT[x][y]) == MULT + x*(y의 최대값+1)+y
즉, MULT[2][3]으로 선언된 경우, MULT[1][2]의 참조 주소는 MULT+1*3+2이다.
```

C 컴파일러는 배열을 참조할 때 정의된 범위를 벗어나는지를 일일이 점검해주지 않기 때문에 프로그래머가 배열을 사용할 때 배열의 첨자(인덱스)가 범위를 벗어나지 않도록 각별한 주의를 기울여야 한다.

배열 초기화는 배열의 정의시에 { }를 이용해서 다음과 같이 각 원소별 초기값을 설정할 수 있다.

```
int ARY[5] = {1,2,3,4,5};
char MULT[2][3] = { {'a','b','c'}, {'A','B','C'}};
```

배열의 이름을 함수의 인자로 넘겨줄 때는 배열의 이름 자체가 의미하는 바는 그 배열의 첫 번째 원소의 주소란 사실을 기억해야 한다. 따라서, 다음과 같이 함수 호출을 할 때, 실제로 함수 f에 인자로 전달되는 값은 배열ARY 의 원소들의 내용이 아니라 원소들이 있는 위치가 된다.

```
f(ARY);
```

따라서, 이 경우 함수 f에서는 인자의 type을 선언할 때, 배열의 크기를 쓸 필요가 없고 단지 배열의 이름이 인자로 넘어왔다는 것을 다음과 같이 알릴 뿐이다.

```
f(int array[ ] )
{
```

(2) 문자열

문자열(character array)은 문자들의 배열로 이루어진다. 문자열을 스트링(string)이라 부르기도 한다. 문자열의 끝을 나타내기 위해서 마지막 스트링 원소 다음에 '\0' 문자를 값으로 하는 배열 원소가 뒤에 와야 한다. 따라서, n개의 문자로 구성된 문자열을 나타내기 위해서는 적어도 n+1 크기의 배열이 필요하다(n+1 번째 원소는 '\0'을 값을 가진다). 예컨대, 내용이 "ABCDE"인 문자열은 다음과 같은 배열을 가지게 된다.

'A'	'B'	'C'	'D'	'E'	'\0'

문자열의 길이를 따로 나타내지 않고 '\0'로서 문자열의 끝을 표시하기 때문에 문자열을 처리하는 함수들은 '\0' 문자로써 문자열의 끝을 인식하게 된다. 문자열도 배열이므로 문자열의 초기화도 일반 배열과 같이 초기화할 수도 있다.

```
char string1[6] = {'a' , 'b', 'c', 'e' ,'\0'};
```

일반 배열과는 달리 문자열 배열은 다음과 같이 좀 더 간편한 방식으로 초기화할 수도 있다.

```
char string1[6] = "abcde" ;
```

그러나, 배열의 초기화를 제외하고 문장 중에 문자열의 값을 바꾸기 위해서 다음과 같이 문자열을 할당 하거나 비교하는 연산은 허용되지 않는다.(왜냐하면, 문자열도 배열이기 때문이다. 배열끼리 직접 치환하거나 비교할 수 없고 원소 단위로만 처리할 수 있기 때문이다.)

```
string1 = "ABCDE"; /* Wrong sentence : 문자열을 직접 assign할 수는
없다 */
if (string1 == "abcde" ) /* Wrong sentence : 문자열은 직접 비교가 안
된다.*/
```

2.4 포인터

포인터란, 메모리의 주소를 값으로 가지는 변수이다. 일반 변수들은 데이터의 값을 내용으로 하는데 비해, 포인터는 데이터가 저장되어 있는 장소를 변수의 내용으로 한다. 즉, 포인터는 어떤 연산의 대상이 되는 값 그 자체를 가지고 있는 것이 아니라, 값이 저장된 위치를 가리키고 있다.

포인터가 가지는 주소값 자체 이외에 그 포인터가 가리키는 메모리에 어떤 type의

데이터가 저장되어 있는가 하는 문제도 매우 중요하다. 왜냐하면 저장된 데이터의 type에 따라서 포인터를 통해서 한번에 접근해야 하는 데이터의 크기 단위가 달라지기 때문이다. 예컨대, 4 bit 크기의 데이터라면 포인터가 가리키는 주소부터 4개의 연속된 byte를 읽어 와야 온전한 하나의 데이터가 된다. 따라서, 어떤 type에 대한 포인터인가 하는 것을 포인터 정의에서 반드시 표기해 주도록 되어 있다. 포인터의 정의는 다음과 같다.

```
포인터가 가리키는 데이터의 type * 포인터 이름 ;
예: int *xp ; /* xp는 정수가 저장된 기억장소를 가리키는 포인터 변수*/
char *cp; /* cp는 문자가 저장된 기억장소를 가리키는 포인터 변수*/
```

일반 변수와 함께 정의될 수도 있다.

```
int x, *xp, y;
```

위와 같이 선언되면 x와 y는 int type이고 xp는 int 형 데이터를 가리키는 pointer type 변수가 된다.

포인터도 변수이므로 반드시 값을 assign해주어야 한다. 이미 존재하는 다른 변수를 포인터가 가리켜야 할 때는, 기존 변수의 주소값을 나타내는 연산자 "&"를 사용한다. 다음은 xp에 변수 x의 주소를 할당하는 문장이다.

```
int x;
int *xp;
xp = &x;
```

또는,

```
int x;
int *xp = &x;
```

위의 상황을 그림으로 묘사하면 다음과 같다.

한편, 프로그램의 실행 중에 필요한만큼의 기억장소를 시스템에 요구해서 동적으로 할당받을 수도 있다. 이를 위해서 malloc( )이란 함수가 모든 C컴파일러부터 제공된다. malloc은 stdlib.h에 원형이 선언되어 있기 때문에 stdlib.h를 반드시 include해야 하며 기본적으로 return type이 char * 형이므로, 기억장소 할당시 적절한 type으로 type-casting을 실시해야 한다.

```
#include <stdlib.h>
.....
xp = (원하는 기억장소의 타입 *) malloc(원하는 기억장소의 byte 수)
.....
```

예: int *xp ;

xp = (int *) malloc(5);

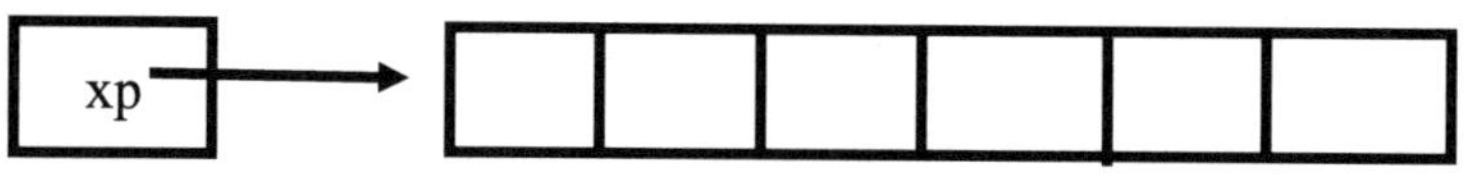

2.5 구조체(struct)

(1) 구조체 선언

구조체는 하나의 변수 이름으로 성질이 서로 다른 여러 개의 자료를 한꺼번에 다루고자 할 때 사용한다. 예를 들어, 어떤 사람의 신상명세서를 작성하는 프로그램의 경우 이름, 성별, 나이, 생년월일, 직업 주소, 전화 번호 등은 모두 그 사람 개인에 관련되어 있는 자료 유형이다. 이렇게 서로 관련된 데이터를 같이 묶어서 처리할 수 있도록 하나의 새로운 데이터 수형으로 만든 것을 구조체라고 한다. 구조체는 다음과 같은 형식으로 선언한다.

```
struct 구조체 이름 {
      데이터 수형 1 : 구성 요소의 이름 1;
      데이터 수형 2 : 구성 요소의 이름 2;
            . . .
      데어터 수형 n : 구성 요소의 이름 n;
};
```

```
struct student {
    char name[10];
    char addr[20];
    int tel[10];
    };
```

위의 구조체 선언에서 구조체의 이름은 생략할 수 있다. 위의 구조체 선언의 예는, student 구조체는 10개의 문자로 구성된 name 변수와 20개의 문자로 구성된 addr 변수, 10개의 정수로 구성된 tel 배열 변수를 구성 요소로 하고 있음을 선언하는 것이다. 구조체 선언은 하나의 새로운 수형을 정의하는 것을 의미한다. 이렇게 구조체가 선언되었다고 해서 구조체의 기억 장소가 할당되는 것은 아니며, 프로그램 내에서 이러한 구조체 수형을 갖는 변수를 사용하기 위해서는 구조체 변수를 선언하여야 한다.

(2) 구조체 변수의 선언, 초기화 및 구조체 포인터

구조체 변수를 선언하는 방법은 다음과 같이 세 가지가 있는데 첫째 예와 같이 구조체를 선언한 후 이를 이용하여 구조체 변수를 선언하거나, 둘째 예와 같이 구조체의 선언과 구조체 변수의 선언을 동시에 하는 방법 및 셋째 예와 같이 구조체 이름을 선언하지 않고 구조체와 구조체 변수를 선언하는 방법 등이 있다. 구조체 이름을 선언하지 않고 구조체와 구조체 변수를 선언하는 방법은 선언된 구조체 이름이 없기 때문에 나중에 추가적인 변수의 선언에 사용될 수 없는 문제점을 가지고 있다.

```
(첫째 예)  struct student s1, s2;
(둘째 예)  struct student {
               char name[10];
```

```
                char addr[20];
                int tel[10];
                } s1, s2;
(셋째 예)  struct {
                char name[10];
                char addr[20];
                int tel[10];
                } s1, s2;
```

구조체 타입을 이용하여 구조체 변수를 선언한 프로그램의 예는 다음과 같다. 이 프로그램은 정수형의 영어 성적과 수학 성적을 구성 요소로 하는 SCORE 구조체와 정수형의 합과 실수형의 평균을 구성 요소로 하는 Sum_Mean 구조체 타입을 선언한다. 다음 프로그램에 사용된 구조체 연산자 '.'는 잠시 뒤에 설명하도록 하자.

```
#include <stdio.h>

struct SCORE {
    int english;
    int math;
    };

struct SCORE course;

struct Sum_Mean {
    int sum;
    float mean;
} SumMean;

void compute( );

main( )
{
    printf("Input the english score ==> ");
    scanf("%d", &course.english);
    printf("Input the math score ==> ");
```

```
        scanf("%d", &course.math);
        compute();
        printf("The sum ==> %d, The mean ==> %f ",
            SumMean.sum, SumMean.mean);
    }

    void compute()
    {
        SumMean.sum = course.english + course.math;
        SumMean.mean = SumMean.sum / 2.0;
    }
```

이 프로그램의 수행 결과는 다음과 같다.

```
Input the english score ==> 89
Input the math score ==> 76
The sum ==> 165, The mean ==> 82.500000
```

구조체 변수의 초기 값은 배열의 초기화와 유사하게 구조체 변수를 초기화할 때 구조체를 구성하는 각 구성 요소에 중괄호 { }를 사용하여 지정할 수 있으며, 나열된 초기 값들은 첫 번째 구성 요소부터 순서대로 저장된다. 예를 들어 앞서 설명했던 student 구조체의 경우에 대해 다음과 같이 초기화할 수 있다.

```
struct student p1 ={"장경선", "정릉동", 3, 3, 3, 5, 5, 6, 6, 0, 0, 0};
```

위와 같은 초기화 방법은 배열의 원소 중에서 앞 부분의 원소들에 초기 값만 주고자 할 경우에도 모든 원소의 초기 값을 전부 나열해야 하는 번거로움이 있다. 따라서, 구성 요소가 복합 데이터인 경우에는 그에 대한 초기 값은 다음과 같이 중괄호로 감싸서 편리하게 나타낼 수 있다. 다음의 예는 구조체 변수 s의 선언에서 배열 b의 초기 값으로 세 개의 원소 값만을 지정하는 경우를 설명하고 있다.

```
struct test {
    int a;
    int b[10];
    int c;
```

```
};

struct test s = {0, {1, 2, 3}, 11};
```

구조체에서도 구조체 포인터가 구조체 변수의 주소를 가지도록 선언할 수 있다. 구조체 포인터 변수의 선언은 다음 예와 같이 단순 변수의 포인터 선언과 같은 형식으로 선언된다.

```
struct student *p1, *p2;
```

이 선언에서 변수 p1과 p2는 struct student 수형의 구조체 변수에 대한 포인터이다.

(3) 구조체 변수의 사용

구조체 변수의 각 구성 요소를 참조하려면 다음과 같은 구성 요소 연산자를 사용한다.

연산자	설명
.(dot)	구조체 변수의 구성 요소를 지정한다.
->	포인터가 지시하는 구조체 변수의 구성 요소를 지정한다.

연산자 '.'은 구조체 변수를 통하여 구성 요소를 접근할 수 있도록 해준다. 연산자 '->'는 구조체 포인터를 통하여 구성 요소를 접근할 때 사용한다. 이들은 다음과 같은 형식으로 사용된다.

```
구조체변수.구성요소이름
구조체포인터->구성요소이름
```

다음은 연산자 '.'와 '->'를 사용하여 구조체의 각 구성 요소에 접근하는 예를 설명하고 있다. 다음 예에서 my_student는 구조체 변수이므로 구성 요소를 접근하기 위하여 연산자 '.'를 사용하였으며, p는 구조체 포인터이기 때문에 연산자 '->'를 통하여 구성 요소를 접근한다.

```
struct student my_student;
```

```
struct student *p = &my_student;

my_student.addr = "도봉구 방학동";
p->addr = "도봉구 창동";
```

구조체 구성 요소를 참조하는 또 다른 방법은 구성 요소 연산자를 '*' 연산자 및 '&' 연산자와 같이 사용하여 앞의 예에 대해 다음과 같이 다양한 방법으로 접근할 수 있다. 이 예에서 p는 구조체 포인터이므로 *p는 구조체 포인터 p가 지시하는 구조체 변수를 의미한다. 따라서 *p 다음에는 연산자 '.'을 사용하였다. 또한 &my_student는 구조체 변수 my_student의 주소를 의미하기 때문에 포인터와 동일하게 취급된다. 따라서 &my_student 다음에는 연산자 '->'를 사용한다.

```
(*p).addr = "도봉구 수유동";
(&my_student)->addr = "노원구 상계동";
```

그런데 위의 예에서 괄호가 사용된 이유는 연산자 '.'과 '->'의 우선 순위가 연산자 '*'과 '&'의 우선 순위보다 더 높기 때문에 사용된 것이다.

구조체 변수는 일반 변수처럼 함수의 인자로 사용되어 값을 넘겨주거나 구조체 변수의 시작 주소를 넘겨주기 위해 사용될 수 있으며, return 문을 사용하여 함수로부터 구조체 변수의 값이나 구조체 변수의 시작 주소를 반환하기 위해 사용될 수 있다. 구조체 변수는 또한 각 구성 요소를 사용하여 값을 할당받기도 하지만, 동일한 구조체 타입의 변수들 사이에는 치환문을 사용하여 구조체 내용 전체를 복사할 수 있다.

같은 타입의 구조체의 내용을 다른 구조체에 복사하기 위해서는 다음 프로그램에 나타나 있는 것처럼 구조체 변수에 다른 구조체 변수를 단순히 치환하면 된다.

```
#include <stdio.h>
struct birthday {
    int year;
    int month;
    int day;
}

main()
```

```
{
    struct birthday a;
    struct birthday b = {1981, 3, 23};

    a = b;
    printf("Year = %d Month = %d Day = %d\n",
           a.year, a.month, a.day);
    return 0;
}
```

(4) 구조체의 중첩

구조체는 그 구성 요소로서 다른 구조체를 가질 수 있는데 이 경우 내부 구조체의 구성 요소를 참조하려면 구성 요소 연산자를 중첩해서 사용한다. 다음은 중첩된 구조체의 선언과 사용에 대한 예를 설명하고 있다.

```
struct point {
    int x;
    int y;
    };

struct rect {
    struct point lb;
    struct point rt;
    };

struct rect table;

table.lb.x = 5;
table.lb.y = 5;
table.rt.x = 10;
table.rt.y = 10;
```

구조체 선언에 있어서 구조체 선언의 순서에 주의를 기울여야 한다. 앞의 예에서 rect 구조체의 선언이 point 구조체의 선언보다 앞설 경우 rect 구조체을 선언하는 시점에 point 구조체가 선언되어 있지 않기 때문에 오류를 발생시킨다. 하지만, 구조체의 구성 요소가 구조체에 대한 포인터일 경우는 구조체의 포인터는 그 구조체의 크기에 관계없이 일정하기 때문에 다음의 예와 같이 순서가 바뀌어도 관계가 없다.

```
struct rect {
    struct point *lb;
    struct point *rt;
    };

struct point {
    int x;
    int y;
    };
```

앞에서는 구조체의 구성 요소로 구조체 변수를 사용하는 경우를 살펴보았는데, 여기에서는 구조체의 구성 요소가 구조체 포인터 변수인 경우에 대하여 살펴보자.

```
struct rect {
    struct point *lb;
    struct point *rt;
    } box;

struct point {
    int x;
    int y;
    } px, py;

box.lb = &px;
box.rt = &py;
```

위에서 box는 struct rect 수형의 구조체 변수로 선언되어 있다. 따라서 box.lb는 구조체 포인터로서 점 px를 가리킨다. 여기에서 box.lb가 구조체 포인터이므로 이것이 가리키는 구성 요소를 접근할 때에는 다음과 같이 연산자 '->'를 사용해야 한다.

```
box.lb->x = 10
```

(5) 구조체와 함수

구조체 전체가 함수 호출시에 실인자로 전달될 수 있고 호출된 함수로부터 값으로 반환될 수도 있다. 구조체 전체를 인자로 전달하기 위해서는 다음과 같이 구조체 변수를 실인자로 사용하면 된다. 다음의 프로그램은 영어, 수학 성적의 합과 평균을 구하는 것이다. 먼저 성적을 키보드로 입력하여 SCORE 구조체에 저장하고, 평균을 구하는 함수에 인자로 전달하여 합과 평균을 구하는 프로그램이다.

```
#include <stdio.h>
struct SCORE {
    int english;
    int math;
    };

struct Sum_Mean {
    int sum;
    float mean;
    };

struct Sum_Mean compute();

main()
{
    struct SCORE course;
    struct Sum_Mean SumMean;

    printf("Input the english score ==> ");
    scanf("%d", &course.english);
    printf("Input the math score ==> ");
    scanf("%d", &course.math);
    SumMean = compute(course);
    printf("The sum ==> %d, The mean ==> %f ",
        SumMean.sum, SumMean.mean);
}

struct Sum_Mean compute(value)
struct SCORE value;
```

```
{
    struct Sum_Mean SM;
    SM.sum = value.english + value.math;
    SM.mean = SM.sum / 2.0;

    return(SM);
}
```

이 프로그램의 수행 결과는 다음과 같다.

```
Input the english score ==> 89
Input the math score ==> 76
The sum ==> 165, The mean ==> 82.500000
```

구조체 변수를 실인자로 사용하면 함수가 호출될 때 형식 인자에 대한 새로운 구조체 변수가 생성되고 실인자로 주어진 구조체 변수의 내용이 여기에 복사된다. 이와 같이 형식 인자 구조체 변수가 실인자 구조체 변수의 내용을 복사하여 사용하므로 호출된 함수에서 형식 인자로 할당된 구조체 변수의 내용을 바꾸어도 실인자로 주어진 구조체 변수의 내용은 변화되지 않는다. 구조체는 함수 호출의 실인자로 사용될 수 있을 뿐만 아니라 위의 예에서와 같이 반환 값으로도 사용할 수 있다.

앞에서는 실인자 구조체 변수의 값 전체를 형식 인자 구조체 변수에 전달하는 방법에 대해 살펴보았다. 그런데 구조체 변수의 값 전체를 전달하는 것보다는 구조체 변수에 대한 포인터를 전달하는 방법이 더 많이 사용된다. 구조체 변수의 값 전체를 전달하기 위해서는 앞에서 설명한 바와 같이 해당 형식 인자 구조체 변수를 새로 할당해야 하기 때문에 기억 장소의 사용량이 매우 커지는 문제점이 있다. 또한 구조체 변수의 값 전체를 전달하면 앞에서 언급한 바와 같이 호출된 함수에서 전달된 구조체 변수의 값을 저장하고 있는 형식 인자 구조체 변수의 값을 변경하더라도 원래의 실인자 구조체 변수의 내용을 변화시키지 못하는 문제가 있다. 다음은 앞선 예를 구조체 변수에 대한 포인터를 사용하여 구현한 코드이다.

```
#include <stdio.h>
struct SCORE {
    int english;
```

```
        int math;
        };

    struct Sum_Mean {
        int sum;
        float mean;
    };

    void compute();

    main()
    {
        struct SCORE course;
        struct Sum_Mean SumMean;

        printf("Input the english score ==> ");
        scanf("%d", &course.english);
        printf("Input the math score ==> ");
        scanf("%d", &course.math);
        compute(course, &SumMean);
        printf("The sum ==> %d, The mean ==> %f ",
            SumMean.sum, SumMean.mean);
    }

    void compute(value, SM)
    struct SCORE value;
    struct Sum_Mean *SM;
    {
        SM->sum = value.english + value.math;
        SM->mean = SM->sum / 2.0;
    }
```

이 프로그램의 수행 결과는 다음과 같다. 실인자로 구조체 변수에 대한 포인터를 사용하면 해당 형식 인자의 구조체 포인터 변수가 호출한 함수의 구조체 변수에 대한 주소 값을 가지고 있기 때문에 호출된 함수에서 호출한 함수의 구조체 변수의 값을 변경시킬 수 있다. 이와 같이 전달한 구조체 변수의 내용을 호출된 함수에서 변화시키고자 할 경우에는 구조체 변수의 주소를 전달해야 한다.

```
Input the english score ==> 89
Input the math score ==> 76
The sum ==> 165, The mean ==> 82.500000
```

2부

C보다 더 편한 언어로서의 C++

01 CHAPTER 가독성 높이기: 변수, 상수, 타입의 선언 위치

C에서는 함수 시작부분에 그 함수에서 필요한 모든 선언을 하고 나서야 함수의 실행문들을 작성할 수 있는 원칙을 고수한다. 이러다 보니 함수가 조금 길 경우, 변수의 선언과 그 변수를 사용하는 문장 간에 거리가 멀어져서 가독성이 떨어진다. 코딩시에도 할당문 등에서 필요한 변수를 선언하기 위해서 함수 처음 부분으로 이동해서 편집 후 다시 원위치로 내려와 할당문 코딩 작업을 이어가는 불편함이 있다.

그러나, C++에서는 함수 중간의 아무 부분에나 필요한 변수나 상수의 선언문을 삽입할 수 있다. 특정 변수의 최초 사용 직전에만 그 변수의 선언문이 나타나면 된다. 따라서, C++은 변수의 선언문과 변수를 사용하는 위치가 가까워서 소스코드 가독성이 향상되고 코딩 작업의 효율성도 높아지는 장점이 있다.

아래 샘플에서, decl-2.cpp 프로그램에서는 변수 res는 프로그램 중간에서 선언했으며 심지어 변수 i는 for문 내에서 선언했다. C에서는 decl-1.c 프로그램만 문법적으로 맞지만, C++에서는 decl-1.c와 decl-2.cpp 모두가 문법적으로 맞다.

```
/* decl-1.c */
#include <stdio.h>
main () {
   int begin, num, res, i;
   scanf ("%d %d", &begin, &num);
   res = 0;
   for(i = begin; i < num: i++)
      res = i + res;
   printf("res=%d\n", res);
}
```

```
/* decl-2.cpp */
#include <stdio.h>
main () {
   int begin, num;
   scanf ("%d %d", &begin, &num);
   int res;
   res = 0;
   for(int i = begin; i < num: i++)
      res = i + res;
   printf("res=%d\n", res);
}
```

상수에도 타입 구분: const 선언

02
CHAPTER

C프로그램에서 필요한 상수에 이름을 붙이고 싶으면 #define 매크로 정의를 이용한다. 예를 들어, 아래 예제 const-1.c 프로그램에서는 PI라는 심볼을 3.14로 정의하고 원주율이 필요한 자리에 이 심볼 이름을 사용했으나, const-2.cpp 프로그램에서는 PI 상수를 변수처럼 float 타입의 상수로 선언하여 피연산자로 사용할 수 있다.

```
/* const-1.c */
#define PI 3.14

main() {
    int radius;

    scanf("%d", &radius);
    float cir = PI * radius;
    printf("circumference = %f",cir);
}
```

```
/* const-2.cpp */
const float PI = 3.14 ;

main() {
  int radius;

    scanf("%d", &radius);
    float cir = PI * radius;
    printf("circumference = %f",cir);
}
```

const-1.c의 상수 선언 방식으로 상수값에 이름을 부여하는 것은 몇 가지 한계가 있다. PI라는 심볼이 3.14라는 문자로 대체될 뿐 어떤 의미를 가지는지에 대한 정보가 전혀없기 때문에 뜻밖의 프로그램 오류가 생길수도 있다. 즉, 3.14라는 상수값이 float인지, double인지, long double인지 타입에 대한 명시적 정보가 없기 때문에 문제가 생길 수도 있다는 뜻이다.

const-2.cpp처럼 C++에서는 상수값에 명시적으로 타입을 표시할 수가 있다. const라는 키워드를 앞세워서 변수처럼 선언하되 위 예시처럼 선언부에 값을 함께 표시해 주어야 한다.

변수처럼 상수도 타입을 부여해서 선언할 수 있게 됨으로써 산술 연산 등에서 사용되는 피연산자의 타입 체크를 더 확실히 할 수 있어서 논리적 오류를 찾는데 도움을 받을 수 있는 장점이 있다.

const 선언시 주의할 점은 다음 두 가지이다. 첫째 주의할 점은, const 변수 선언시에 반드시 선언과 동시에 변수에 상수값을 할당해주어야 한다. const 변수 선언은 상수를 선언하는 것이기에 한번 값이 정해지면 이후 새로운 값으로 변경 (할당)이 불가하다는 것이다.

정상	문법 오류1	문법 오류2
`const int x = 1;`	`const int x ;` `x = 1;`	`const int x = 1;` `x = 1;`

둘째 주의할 점은, 포인터형을 const 변수로 선언할 경우이다. const 키워드를 포인터 선언시 타입 이름의 앞에 두느냐 뒤에 두느냐에 따라서 의미가 달라진다는 점이다. 타입 이름 앞에 const 키워드를 둘 경우는 (예: const int *p) 포인터가 가리키는 대상이 상수라는 의미이다(p는 변수이고 *p는 상수이다). 반면, 타입 이름 뒤에 const 키워드를 두는 경우는 (예: int * const q) 포인터 자체가 상수라는 뜻이므로 포인터에 새로운 값을 할당하는 것은 문법적으로 오류이다.

아래 예시에서 동일한 대상 x를 포인터 p와 q가 가리킨다. const int * p로 선언되어 포인터인 p는 변수이기에 증감 연산이 가능하지만 *p는 상수로 취급하기에 p가 가리키는 대상을 변경시킬 수는 없다. 반면, q는 int * const q로 선언되어 q 자체가 상수이므로 q의 값을 바꾸려는 시도는 문법 오류가 일어난다. *q는 변수이므로 새로운 값으로의 갱신이 자유롭다. 즉, (*q)++ 또는 (*q) = 0 등의 새로운 값 할당이 가능하다.

`#include <iostream>`
`using namespace std;`
 	
`int main()`
`{`
`  int x[4] = { 1,40,80, 100 };`
`  const int* p = x;`
`  int * const q = x;`
`  cout << x[0] << " " << x[1] << endl;`	

	1 40
`  cout << p << " " << q << endl;`	000000D80CEFF958 000000D80CEFF958
`  cout << *p << " " << *q << endl;`	1 1
`  p++;` `  //q++; <-- ERROR`	
`  cout << p << " " << q << endl;`	000000D80CEFF95C 000000D80CEFF958
`  cout << *p << " " << *q << endl;`	40 1
`  //(*p)++; <-- ERROR` `  (*q)++;`	
`  cout << p << " " << q << endl;`	000000D80CEFF95C 000000D80CEFF958
`  cout << *p << " " << *q << endl;`	40 2
`}`	

03 CHAPTER 소스코드 타이핑을 편하게

3.1 주석 표기법

주석(comment)은 프로그램을 설명할 목적으로 코드 중간중간에 삽입하는 임의 문장을 의미한다. C++에서 주석을 표시하는 방법은 C에서 사용하던 /* 와 */ 로 주석부분 전체를 감싸는 방법 외에 //를 이용하여 줄 단위로 주석처리하는 방법이 있다. // 표시가 있는 부분부터 그 줄의 끝까지가 주석으로 처리되고 이 부분은 컴파일에서 제외된다.

주석 표기1	주석 표기2	주석표기3

`/* this is the comment`
`the 2nd line`
`*/`
	`// this is the comment`
	`// the 2nd line`
		`int i ; // variable`
		`const int c = 2; //constant`

3.2 표준 헤더화일 include 하기

C에서 표준 헤더화일들을 include하기 위해서는 아래와 같이 문장을 작성해야 한다.

```
#include <stdio.h>
```

C++에서는 편의성을 높이기 위하여 표준 헤더화일의 경우 아래와 같이 파일 확장자 ".h"를 생략할 수 있도록 허용한다.

```
#include <stdio>
#include <iostream>
```

3.3 struct와 타입 변수 선언 간소화

C에서는 struct 형(구조체) 타입을 선언하고 이 타입의 변수를 선언할 경우 항상 struct라는 키워드를 타입 이름 앞에 붙여야만 하는 번거로움이 있다. C에서는 struct 라는 키워드 사용을 매번 변수 선언시마다 써야 하는 번거로움을 피하기 위해서 typdef를 이용하여 새로운 타입이름을 지어 사용하기도 한다. 하지만, C++에서는 변수 선언시 struct 타입이라고 해서 특별히 struct 키워드를 붙일 필요는 없다. 다음 예시 코드에서 왼쪽에는 typedef를 쓰지 않을 경우와 쓸 경우에 대해서 struct 타입 변수 선언 방법을 보였고, 우측에는 C++에서 변수 선언시에는 struct 키워드 생략이 가능함을 보이고 있다.

<table>
<tr><th>C의 struct type 선언과 사용</th><th>C++의 struct type 선언과 사용</th></tr>
<tr><td><pre>// typedef를 쓰지 않을 경우
struct mytype {
       int age;
       char *name ;
};

struct mytype person1, person2;

person1.age = 25;</pre></td><td rowspan="2"><pre>// C++에서의 편의성
struct mytype {
       int age;
       char *name ;
};

mytype person1, person2;

person1.age = 25;</pre></td></tr>
<tr><td><pre>// typedef를 이용하는 방법

struct mytype {
       int age;
       char *name ;
};

typedef struct mytype S_mytype;
S_mytyoe person1;</pre></td></tr>
</table>

3.4 enum 타입 선언 간소화

C++은 struct 타입 선언시와 유사한 편의성을 enum 타입 선언시에도 제공하고 있다. C에서는 enum 타입을 선언하고 이 타입의 변수를 선언할 경우 항상 enum이라는 키워드를 타입 이름 앞에 붙여야만 하는 번거로움이 있다. 하지만, C++에서는 변수 선언시 enum 타입이라고 해서 특별히 enum 키워드를 붙일 필요는 없다.

C에서 enum type 변수 선언	C++에서 enum type 변수 선언

`enum dayOfWeek { Monday = 1, Tuesday,`
`Wednesday, Thursday, Friday };`
 	
`enum dayOfWeek day;`
 	
`day = Thursday;`
`cout << day << endl;`
	`enum dayOfWeek { Monday = 1, Tuesday,`
	`Wednesday, Thursday, Friday };`
	
	`dayOfWeek day;`
	
	`day = Thursday;`

04 CHAPTER

새로운 입출력 방식: cin, cout

C프로그램에서는 입출력 동작을 위해서 표준 C 라이브러리에 정의된 printf 함수와 scanf 함수를 주로 이용한다. C++에서는 이 방법 외에도 좀더 직관적이고 편리한 방식으로 stream io 라이브러리에서 정의한 cout과 cin이란 객체(3부에서 객체의 개념을 자세히 설명할 예정이다)를 이용한다. 쉬프트 연산자인 <<와 >>를 cout 및 cin 객체와 함께 이용하여 표준 입출력을 수행하도록 추가 기능을 제공하고 있다. cout 또는 cin 이란 객체에 대해서 shift 연산을 적용하면, 쉬프트 연산자의 원래 기능과는 다르게 표준 입출력을 수행하도록 작동하는 것인데, 이것은 operator overloading이란 방식으로 연산자를 재정의하여 가능한 것이다(operator overloading 자체는 2부 12장에서, class 객체에 대한 operator overloading은 3부 6장에서 설명할 것이다).

cout은 표준 출력 기능을 담당하는 객체인데, 어떤 문자열이나 변수값을 모니터로 출력하려면 다음의 형식을 취한다.

```
cout << 문자열 또는 변수 ;
```

여러 개의 문자열과 변수를 여러개 이어서 출력할 때는 아래와 같이 작성가능하다.

```
cout  << 문자열 또는 변수 << 문자열 또는 변수 ;
```

또한, endl이란 객체는 줄바꿈 문자를 의미하는데 다음과 같이 주로 사용된다.

```
cout << 문자열 또는 변수 << endl;
```

C의 printf문에서는 출력하려는 변수나 상수의 데이터 타입을 일일이 printf문에의 첫 인자인 문자열 내에서 %d, %c, %f %s 등의 format specifier를 이용해 알려주어야 한다. 그러나, cout 객체를 이용한 출력방식은 C++에서 제공하는 모든 기본 데이터 타입의 변수, 상수에 대해서 별도의 type 지정을 해줄 필요없이 작동한다.

예를 들어, 어떤 문자형 (char) 변수 ch가 있을 때 C에서는 printf("%c", ch)라고 적으면 하나의 문자가 출력되고 printf("%d", ch)라고 적으면 ch에 저장된 문자의 아스키 코드값이 정수로 출력된다. cout을 이용하는 출력문은 단순히 cout << ch라고 적으면 ch가 문자형 타입으로 선언된 변수이므로 자동으로 문자형 타입에 맞는 형식(하나의 문자)으로 출력이 된다.

cin은 표준 입력 기능을 담당하는 객체이다. 어떤 외부의 값을 키보드를 통해 받아들이고 특정 변수에 저장하기 위해서는 cin 객체와 shift left 연산자 (>>)를 다음과 같이 사용하면 된다.

```
cin >> variable ;
```

입력으로 받아들이려고 하는 데이터의 타입은 variable이 어떤 타입으로 선언되어 있느냐에 따라 자동으로 결정된다. 즉, C에서 scanf를 이용할 때와는 달리 정수형 값인지, 실수형 값인지, 문자열인지를 함수인자에 표기할 필요가 없다. 굳이 아스키값으로 출력하기 원하면 ch를 잠시 int 타입으로 변환시켜서 (type casting하여) 출력하면 된다.

```
#include <iostream>

int main()
{
    char ch = 'A';
    printf("%c %d\n", ch, ch);
    std::cout << ch << ' ' << int (ch) << std::endl;
}
```

위 프로그램에서 ch는 문자 'A'를 가지고 있는데, 문자 'A'의 ASCII 표준코드 값이 십진수로 65이다. 따라서, printf에서 %c에 의해서는 문자 'A'가, %d에 의해서는 숫자 65가 각각 출력된다. cout에 의해서는 ch의 타입을 따라 자동으로 문자로 취급되어 'A'가 출력되지만 typecasting을 하여 int 형으로 임시 전달하면 'A'의 코드값인 65가 출력될 것이다.

다음은 위 프로그램의 출력 결과이다.

```
A 65
A 65
```

cout과 cin을 사용한 입출력을 위해서 stream io 라이브러리를 이용하려면 iostream.h 표준 헤더 파일을 먼저 include 해주어야 한다.

다음은 간단한 입출력문 예시이다. C의 고전적 방식과 C++의 추가된 방식을 비교하고 있다. printf와 scanf 함수를 사용하는 경우에는, 첫 인자인 format 문자열 내에서 대상 변수의 개개의 타입을 %로 시작하는 format-specifier로 일일이 표기를 해주어야 하지만, cout, cin 객체를 이용한 입출력은 쓰거나 읽기 원하는 변수들을 shift 연산자를 이용하여 순서대로 열거만 해주면 된다.

<table>
<tr><th>고전적 C 입출력 방식</th><th>C++ 입출력 방식</th></tr>
<tr><td><pre>#include <stdio.h>

int main(){
   int var;
   printf("Hello World\!n");
   scanf ("%d", &var);
   printf("input = %d " , var, "\n");
}</pre></td><td><pre>#include <iostream>
using namespace std;
int main () {
  int var;
  cout << "Hello World! << endl;
  cin >> var;
  cout << "input = " << var << endl;
}</pre></td></tr>
</table>

참고로, cout은 ostream이란 데이터 타입의 객체 (변수)이고 cin은 istream이란 데이터 타입의 객체 (변수)이다. 또한, 이 객체들이 정의된 라이브러리의 namespace는 std이므로 std::cout, std::cin이라고 적어야 정확하다(다만, using namespace std;를 화일 첫머리에 선언하면 std::를 생략할 수 있다).

printf 문은 포맷문자열 내에 정렬, 길이, 소수점 표시 여부 등 다양한 출력 형식에 대해서 정밀하게 지시가 가능하듯이 cout 객체를 이용한 출력에서도 다양한 cout에 부속되는 함수들을 통해서 출력 형식을 원하는대로 제어할 수 있다.

05 CHAPTER 새로운 타입

C++에서 새로 추가된 데이터 타입은 bool과 void이다.

bool은 참(true)과 거짓(false)의 두 가지 값만 가지는 표준 자료형이다. 실제로 bool 타입의 변수는 1바이트(8비트)의 기억장소를 할당받지만 저장하는 값은 false를 위해서는 0, true를 위해서는 1을 저장한다. 따라서, 아래 코드의 실행에서 확인할 수 있듯이 C++에서는 할당되는 값이 0이 아닌 경우는 1로 변환되어 저장된다. C에서는 별도의 bool 타입이 없기 때문에 typedef를 이용해서 타입을 만들어서 써야 한다.

<table>
<tr><th>C에서 Boolean type 만들어 쓰기</th><th>C++에서 bool 타입 이용하기</th></tr>
<tr><td><pre>enum Boolean {False = 0, True =1};
enum Boolean is_old, is_correct;

is_old = True;
is_correct = -2;

cout << is_old << endl;
cout << is_correct << endl;</pre></td><td><pre>bool is_old, is_correct;

is_old = true;
is_correct = -2;

cout << is_old << endl;
cout << is_correct << endl;</pre></td></tr>
</table>

void는 함수 타입에 사용되는데, retun할 값이 없는 함수의 정의에서 함수명 앞에 사용된다. 또는, 함수의 인자가 없는 함수 선언시 인자가 없는 것을 강조하기 위해 아래와 같이 함수 prototype에 void를 쓰기도 한다.

```
void no_return_function () ;
int no_arg_function (void);

int main()
{
    void no_return(int); // function prototype
```

```
    int no_arg(void);  // function prototype

    no_return(1);
    cout <<"output " << no_arg() << endl;
}

void no_return(int i)
{
    cout << "input:" << i << endl;
}

int no_arg() {
    return 2;
}
```

한편, 포인터 타입과 결합해서 사용될 경우는 포인터가 동적으로 할당 받는 기억장소를 사전에 특정하기 어려울 때 void *로 선언하기도 한다. void * 타입은 사실상 내부적으로는 char * 타입과 동일하다.

```
void * p ;
p = (char *)malloc(100);
```

06 CHAPTER scope resolution operator 및 namespace

6.1 scope-resolution operator

여러 가지 수많은 라이브러리들이 하나의 프로그램의 구성에 사용될 경우, 서로 다른 라이브러리들 간의 전역변수명, 함수명, 타입명, 상수 이름이 서로 중복될 위험이 있다. 이 경우 전역 변수명, 함수명, 타입명, 상수명 등이 어느 라이브러리에서 유래한 것인지를 가리키는지 명확하기 하기 위해서 C++에서는 namesapce 개념을 도입하였다. namespace를 구분하는 방법은 'namespace명::이름'의 형식을 쓴다. 여기서 '이름'은 변수, 함수, 타입, 상수 등의 이름(identifier)이다. :: 연산자를 scope resolution operator라고 부른다.

namespace 명과 scope resolution operator를 매번 사용하기 번잡하기에 기본 namespace를 지정해주는 방법은 아래 우측과 같이 namespace를 using으로 선언하는 것이다.

namespace를 사용하기 전	namespace를 사용할 경우

`#include <iostream>`
 	
`std::cout << "hello world" << std::endl;`
`mesg << std::cin ;`
	`#include <iostream>`
	
	`using namespace std;`
	
	`cout << "hello world" << endl;`
	`mesg << cin;`

위 예제 코드에서 cout과 endl은 모두 std라는 namespace 내에서 정의된 객체들이라 좌측과 같이 std::을 변수명에 일일이 붙여야 하지만 우측과 같이 using namespace 문을 이용하면 객체명 앞의 std::를 생략이 가능하다.

6.2 namesapce 정의하기

사용자가 임의의 namespace를 아래와 같은 방법으로 정의할 수 있다. 아래는 <NAME>이라는 사용자가 임의로 정한 명칭으로 namespace를 정의하고 그 namespace 안에 함수, 데이터타입, 전역 변수, 상수 등 여러 프로그램 구성요소들을 선언 및 정의하는 예제이다.

```
namespace <NAME> {
    변수 선언, 상수정의,  type 정의,
    함수정의 등
}
```

다음은 두 개의 namespace를 정의하여 구분하는 예제이다. namespace ns1과 ns2를 정의하고 각 namespace에 x라는 변수를 정의한다. x라는 변수가 namespace별로 따로 정의되어 있고 main함수 내부와 글로벌 scope를 가지는 x 변수도 있기 때문에 이름만으로는 4개의 x 변수 중 어느 x인지 알 수가 없어서 scope-resolution operator를 필요로 한다. 만일, sceope-resoultion 연산자 없이 변수명만을 쓸 때에는 x라는 변수는 현재의 문장이 속한 가장 안쪽의 namespace에서 정의된 x를 의미한다(아래 경우는 main함수 블록 내부에서 x를 접근하기에 전역변수 x가 아니라 main함수 내부 local 변수 x를 의미한다). 또한, 함수 func가 ns1 내부에 선언되어 있기에 main 함수 블록에서 func 함수를 호출하려면 그냥 func라는 함수이름만 쓰면 안되고 ns1::func라고 함수명에 namespace까지 표시해주어야 한다.

```
#include <iostream>
using namespace std;

int x = 100; // global variable x

namespace ns1 {
    int x = 1;
    int func(int x) {
        return x * 2;
    }
```

```
}

namespace ns2 {
    int x = 2;
}

int main() {
    int x = 10;

    cout << x << " " << ns1::x << " " << ns2::x << endl;
    x = ns1::x + x;
    ns2::x = ns1::func(x);
    cout << x << " " << ns1::x << " " << ns2::x << endl;
    cout << ::x << endl; // gloabl variable
}
```

아래는 위 프로그램 실행 결과이다.

```
10 1 2
11 1 22
100
```

ns1::x의 예와 같이 scope-resolution 연산자 (::) 앞에 namespace 이름 (ns1)를 명시하는 것이 일반적이지만, ::만 쓰고 namespace를 생략하는 수도 있는데 이 경우에는 global scope를 의미한다. 따라서, main 함수 내에서 맨마지막 줄의 ::x값은 100으로 출력된다.

포인터의 불편함 해소: reference(참조자)

07
CHAPTER

7.1 변수에 대한 referene

pointer 연산자는 특정 변수의 주소를 값으로 가지는 변수 선언을 가능하게 한다. 즉, 아래와 같은 문장에서 변수 p는 변수 A의 주소를 가지므로 *p에 대한 읽기와 쓰기는 A에 대한 읽기와 쓰기가 된다. 즉, *p에 값을 저장하면 A의 값이 바뀐다.

```
int A = 0;
int *p = &A; // p는 포인터 변수이고 A의 주소를 가리킨다.
*p = 1;  // 포인터 p가 가리키는 기억장소에 1을 저장한다 => A에 1을 저장한다.
```

동일한 기억장소를 다른 경로로 접근할 수 있게 하는 것이 포인터이다. 이러한 포인터의 효과를 유사하게 발휘하면서 포인터에 비해서 이해하기 쉽고 더 편하게 사용할 수 있는 C++에서의 메모리 접근 방식이 reference(참조자)이다. reference(참조자)는 특정 변수의 별명을 지어주는 것과 같다. reference로 선언하는 방법은 변수 선언 시에 변수명 앞에 “&” 연산자를 삽입하면 된다. 혼동하지 말아야 할 주의 사항은, 할당문의 = 연산자 우측에서 피연산자로 사용되는 변수 앞에 붙이는 &나 함수 호출문에서 인자에 사용되는 변수의 앞에 붙이는 &는 reference(참조자)가 아니라 해당 변수의 주소를 돌려주는 주소 연산자(address of)이다.

```
int *p; // p 는 포인터 변수이다.
int y; // y는 정수형 변수이다.
int & x = y; // x는 정수형 변수 y의 reference이다. x는 y와 같다.
p = &y ;     // p는 y 의 주소를 가진다. *p는 y와 같다.
*p = 1; // x = 1 또는 y= 1과 동일하다.
```

아래는 int 형 변수 A에 대한 reference로 r을 선언한 예이다. 아래 문장에서 r은 A와 동일한 역할을 한다. r에 대한 읽기와 쓰기는 A에 대한 읽기와 쓰기를 하는 것과 같은 결과를 가진다. 즉, r에 쓰기를 하면 A가 바뀐다.

```
int A = 0;
int &r = A;
r = 1;
```

이 예에서 r을 refernce 변수라고 부른다. reference 변수는 선언과 동시에 어느 변수를 참조하는지 초기화를 해야 한다.

reference 변수 선언시 주의할 점은, 주소연산자와 혼동해서 안된다는 것이다. 할당문 등의 실행 문장에서 변수명 앞에 사용된 '&' 연산자는 그 변수의 주소 값을 의미하는 주소 연산자이다. 그러나, 변수 선언 시에 변수명 앞에 사용되는 '&' 연산자는 주소연산자가 아니라 reference 변수 선언자이다. 즉, A라는 이름의 정수형 변수가 있을 때, A 자체는 A변수의 기억장소에 저장된 값을 의미하고, &A는 A 변수의 기억장소 위치(주소)를 의미한다. 포인터 변수에 A변수의 주소값을 지정하고자 할 때 r = &A; 라는 문장으로 표현한다. 그러나, int &r = A 라고 선언하면 r을 변수 A를 대신하는 reference 변수로 선언한다는 뜻이다.

reference 선언시 주의할 점은, reference는 반드시 선언과 동시에 값을 가져야 한다는 것이다. 또한, reference는 참조대상을 변경할 수 없고 null로 지정할 수도 없다. (반면에, 포인터 변수는 그가 가리키는 대상을 변경하거나 null 값을 가지도록 하는 것이 가능하다)

7.2 function call과 reference

reference의 가장 큰 장점은 함수의 인자로 사용될 경우에 나타난다. reference를 함수의 인자 타입으로 사용할 경우 pointer를 대신하는 효과가 있다. 아래와 같이 함수 인자를 참조자로 선언하면 이 함수 function이 다른 함수(예: main)에 의해서 호출되는 순간에 인자 값이 함수 호출문에서 인자로 주어진 변수(A)를 가리키는 reference가 된다.

```
function ( int & var) {
  ...
  tmp = 3*var - 1; // 포인터와 달리 reference 값을 access하기 위해 특별
                      한 표시 불필요
  if( tmp < 0)
     var = 0; // var 변수값의 변화는 function 함수 return 후에도 유효하다.
}
```

다음은, 함수 인자를 reference로 선언할 때의 효과를 보여주는 예제 코드이다.

```
#include <iostream>
using namespace std;

void refer_func(int& x) {
    cout <<"4 " << &x << ":" << x << endl;
    x++;
    x = x * 10;
}

int main()
{
    int A = 1;
    int& r = A, &q = A;

    r = 7;
    q = 19;

    cout << "1 " << &A << ":" << A << endl;
    cout << "2 "  << &r << ":" << r << endl;
    cout << "3 "  << &q << ":" << q << endl;

    refer_func(A);

    cout << "5 " << & A << ":" << A << endl;
    cout << "6 " << & r << ":" << r << endl;
    cout << "7 "  << &q << ":" << q << endl;
}
```

다음은 위 코드의 실행결과이다.

```
000000EF1FB9F9A4:19
000000EF1FB9F9A4:19
000000EF1FB9F9A4:19
000000EF1FB9F9A4:19
000000EF1FB9F9A4:200
000000EF1FB9F9A4:200
000000EF1FB9F9A4:200
```

위 실행 결과에서 첫째로 주목해야 할 사항은, 원 변수 A와 A의 reference r 및 q와 A를 함수 인자값으로 넘겨받은 refer_function 함수 인자 x의 주소가 모두 동일하다는 사실에 주목해야 한다. 즉, reference 변수는 원래 변수의 값을 복사한 변수가 아니라 원래 변수 그 자체와 동일하다. 즉, 동일한 기억장소에 대한 이름이 추가로 더 만들어진다는 뜻이다.

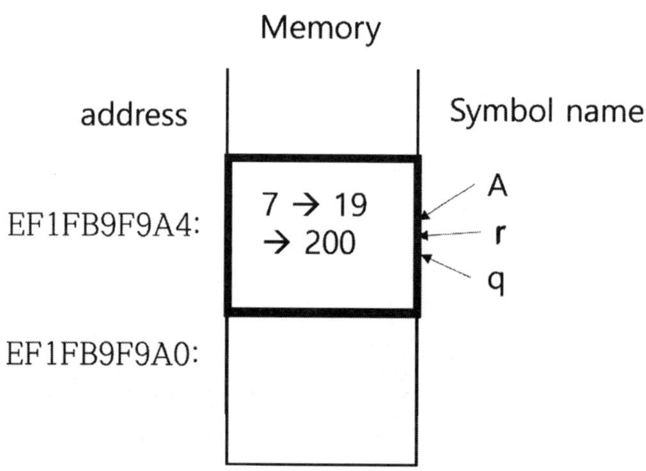

위 실행 결과에서 두 번째로 주목해야 할 사항은, q나 r에 대한 접근은 A에 대한 접근과 동일한 효과를 가져온다는 것이다. 즉, q나 r에 대한 읽기와 쓰기는 A에 대한 읽기 및 쓰기와 실제적으로 효과가 같다는 것이다. 이는 refernece의 주소가 원 변수와 동일하다는 첫째 사항으로부터의 당연한 귀결이다.

위 실행 결과에서 세 번째로 주목할 사항은, 함수의 인자 type이 reference일 때 인자로 전달받은 변수를 함수 내에서 값을 변경하면 함수 호출문의 원본값도 변경된다는 것이다. 이는 포인터를 이용하여 원 변수의 내용을 변경하는 효과와 같은 것이다. reference를 함수 인자로 전달할 경우 포인터를 쓸 경우에 비해서 간단하게 인자의 내용을 호출된 함수에서 변경시킬 수 있다. reference 타입 인자를 가진 함수 호출문은 포인터 타입 인자를 가진 함수 호출문의 경우와는 달리 변수명만을 인자로 사용하면 되기 때문에 프로그램이 단순해 보이는 장점이 있다.

다음과 같이 두 개 인자의 값을 서로 맞바꾸는 swap 함수를 포인터를 이용하여 구현하는 대신 reference를 이용해서 간단하게 구현할 수 있다.

<table>
<tr><th>pointer를 이용한 swap함수 구현 및 테스트</th><th>reference를 이용한 swap함수 구현 및 테스트</th></tr>
<tr><td>

```
#include <iostream>
using namespace std;

void swap(int *a, int *b) {
  int t = *a;
  *a = *b;
  *b = *a;
}

void main() {
  int x = 1, y = 2;
  swap (&x, &y);
  cout << x <<" " << y << endl;
}
```

</td><td>

```
#include <iostream>
using namespace std;

void swap(int &a, int &b) {
  int t = a;
  a = b;
  b = a;
}

void main() {
  int x = 1, y = 2;
  swap (x, y);
  cout << x <<" " << y << endl;
}
```

</td></tr>
</table>

함수의 인자로 reference 타입을 쓸 때는 한 가지 장점이 더 있다. reference를 전달할 경우에는 인자로 전달된 변수의 값을 복사하는 것이 아니라 인자로 쓴 변수의 위치가 내부적으로 전달되기 때문에 함수 호출에 걸리는 시간이 줄어들 수 있다. 위의 예제들과 같이 단순한 데이터 타입일 경우는 차이가 없지만 크기가 큰 자료구조(예: 많은 수의 멤버 변수를 가지는 struct 형)를 인자로 전달하는 경우는 reference를 사용

할 때 유의미한 실행시간 차이가 발생할 수 있다.

const 형에 대한 reference도 선언이 가능하다. const 로 선언된 변수를 위한 referene 변수가 가질 수 있는 타입은 무엇인지, 아래 코드를 통해서 살펴본다.

아래 예시 코드에서 주목해서 봐야할 부분은, const int형 변수를 int &형으로 reference하는 것은 문법적으로 오류를 일으키지만 int형 변수를 const int &형으로 reference하는 것은 가능하다는 것이다. 또한, 이 경우 int형 변수의 값을 변경하는 것은 얼마든지 가능하지만 이를 참조하는 const int & 변수의 값을 바꾸는 것은 안된다는 것이다. 그렇지만 두가지 변수가 결국 같은 기억장소를 가리키기에 int형 변수를 통해서 메모리 값을 바꾸면 const int & 형 변수의 값도 결국 바뀌어진다.

```
int main() {
    int v1 = 1;
    const int c1 = 2;
    const int& c2 = c1;
    // int& v = c1; ERROR
    int& v2 = v1;
    const int& c3 = v1;    // OK

    v1 = 3;
    v2 = 4;

    cout << "v1:" << v1 << " v2:" << v2 << " c3:" << c3 << endl;
}
```

다음은 위 코드의 출력이다. 모든 값이 4로 변경되어 있음을 알 수 있다.

```
v1:4 v2:4 c3:4
```

매크로의 모호성 해결: inline function

08
CHAPTER

C에서 macro를 이용해서 함수 선언을 대신하는 경우가 더러 있다. 예를 들면 인자의 값의 제곱을 구하는 SQUARE라는 매크로를 생각하자.

```
#define SQAURE (x)    (x * x)

void main() {
    int x;
    std::cin >> x;
    std::cout << SQUARE (x) << std::endl;
}
```

그런데, 이 macro 선언을 호출할 때 만일 아래와 같이 x+1을 적으면 예상하지 못한 값이 출력된다. 왜냐하면 macro는 단순한 문자열 치환이기 때문이다. 즉, SQUARE라는 identifier가 나타나는 곳을 SQUARE 매크로 정의에서 SQUARE(x) 이후로부터 줄 끝까지의 내용을 단순한 문자열 치환으로 처리해버리기 때문이다.

SQUARE (x+1)은 (x+1 * x+1)로 치환되어 버린다. 그렇다면 x가 1일 경우 (1+1)*(1+1) = 2*2가 = 4가 아니라 연산자 우선순위 때문에 1 + 1 * 1 + 1 = 1 + (1 * 1) + 1 = −1이 되는 것이다. 이런 문제 때문에 macro 정의시 ((x)*(x))로 정의문을 고쳐 쓰거나 매크로 호출시 x+1을 (x+1)로 대체해야 한다.

이런 문제 외에도 macro 인자의 type이 올바른지를 컴파일시에 확인할 수가 없는 단점이 있고, macro가 여러번 사용될 경우에는 이진 코드의 양이 증가하는 단점도 있다. 그러나, macro 호출을 함수 대신 사용하는 기본적 장점은 함수의 호출과 return에 따르는 여러 메모리 접근을 생략할 수 있어서 함수 호출에 따르는 오버헤드를 없앰으로써 실행시간을 단축할 수 있다는 것이다. 특히, MIN, MAX 등과 같이 자주 사용되는 짧은 길이의 함수에는 이런 매크로를 사용하는 것이 효과적이다.

C++에서는 이러한 매크로를 이용한 함수 호출의 장점을 살리고 macro의 단점을

보완하기 위해서 inline 함수를 제공한다. inline 함수는 매크로 정의와 마찬가지로 호출되는 자리에 함수 body의 코드를 호출문 자리에 대신 삽입하여 함수의 코드가 바로 실행되게 한다. 이렇게 함으로써 실행시에 함수 호출 오버헤드 없이 바로 실행하도록 하여 실행시간을 매크로와 동일하게 단축할 수 있다.

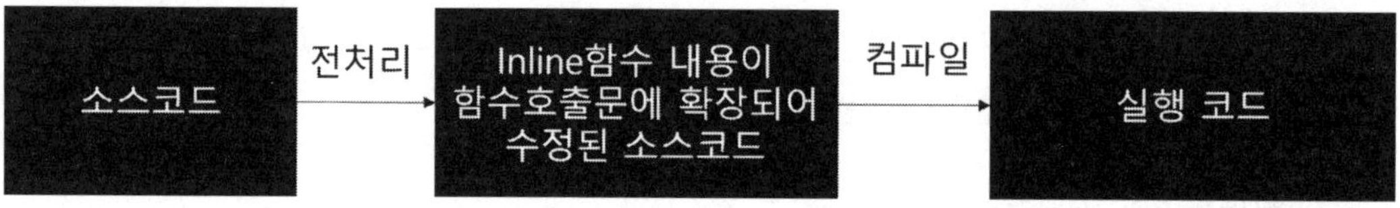

inline 함수의 정의 방법은 함수정의시 inline이란 키워드를 함수명 앞에 표시하는 것이고 그 외에는 일반 함수 정의와 동일하다.

```
#include <iostream>
inline void display(int v) {
    std::cout << "value: " << v <<" is ";
    if (v >= 0)
        std::cout << "positive or zero" << std::endl;
    else
        std::cout << "negative" << std::endl;
}

#define SQUARE(x) (x*x)

inline int square(int x) {
    return x * x;
}

int main()
{
    int s1 = square(-1+1);
    int s2 = SQUARE(-1+1);

    display(s1);
```

```
    display(s2);
}
```

위 코드의 실행 결과는 다음과 같다.

```
value: 0 is positive or zero
value: -1 is negative
```

square라는 inline 함수를 사용한 경우는 −1+1의 연산을 먼저 수행한 값 0을 함수 인자로 전달하기에 0*0이 계산되어 0이 s1에 저장된다. 반면에, SQUARE라는 매크로를 쓴 s2의 경우는, s2 = −1+1 * −1+1로 치환되어 컴파일되기 때문에 −1+1* −1*1 문장에서 곱하기 연산자(*)의 우선순위가 더하기 연산자(+)보다 높기에 곱하기부터 실행되면 −1 + −1 + 1이 되어 결과값이 −1이 되어 s2에 저장된다.

즉, inline로 선언된 함수의 경우, maco 호출에서의 오류를 피해갈수 있으면서도 일반 함수를 썼을 경우의 함수 호출에 따르는 실행시간 오버헤드도 함께 피할 수 있는 장점이 있다. 다만, inline 함수를 남발할 경우에는 컴파일된 이진코드의 크기가 약간 늘어날 수 있다.

09 CHAPTER 인자가 많은 함수 호출의 불편함 해결: default function arguments

함수의 인자의 개수가 다수이지만 대부분의 인자 값들이 기본적으로 가지는 값이 정해져 있고 가끔 예외적으로 기본값이 아닌 다른 값을 함수 인자로 전달해야 하는 경우가 있다. 이런 경우의 코딩 편이성을 위해서 C++에서는 default function argument 기능을 제공한다. 함수 정의시 함수 인자의 기본값(default)을 지정할 수가 있고, 함수 호출문에서 별도로 값을 지정하지 않은 인자는 함수 정의에서 미리 지정된 기본값으로 실행이 된다.

예를 들어, 원을 그리는 함수 circle(cX, cY, radius, color, thickness)이 있다고 할 때, 이 함수의 인자들 중 원점 좌표인 (cX, cY)와 반지름(radius)은 매번 정해주어야 하지만, 선의 색깔(color)과 선의 두께(thickness)을 정의하는 인자의 값은 대부분 각각 검은색(color=BLACK)과 1 pt (thickness=1)값을 사용한다고 가정하자. 아래와 같이 함수 정의문을 작성하면 circle 함수 정의문에서 기본값을 정해주고 대부분의 함수 호출시에는 그 값을 생략해버릴 수 있다는 것이다.

```
void circle(int cX, int cY, int radius, Color color=BLACK, int
thickness=1) {
    ...
}
```

만일, 색깔이나 선굵기를 기본값이 아닌 다른 값으로 하고 싶으면 circle 함수 호출시에 함수 호출문에 다른 인자들처럼 인자값을 지정하면 된다. 다음은 circle 함수를 호출하는 3가지 예시를 보여준다. 함수 호출시 인자값 개수가 정의된 것보다 적을 경우는, 인자값 매칭은 왼쪽 인자부터 우측 인자순으로 한다.

```
circle (10, 20, 5); // 중점=(10,20), 반지름=5, color=BACK,
                       thickness=1
circle (10, 20, 5, RED); // 중점=(10,20), 반지름=5, color=RED,
```

```
                                  thickness=1
circle (10, 20, 10, BLACK, 2); // 중점=(10,20), 반지름=5,
                                       color=BLACK, thickness=2
```

다음은 또다른 예제이다. sum은 2~4개의 값을 더해서 return하는 함수이다.

```
int sum(int a0, int a1, int a2=0, int a3=0) {
    return a0 + a1 + a2 + a3;
}

int main() {
    std::cout << sum(2, 4) << std::endl;
    std::cout << sum(2, 4, 6) << std::endl;
    std::cout << sum(2, 4, 6, 10) << std::endl;
}
```

위 프로그램의 실행 결과는 다음과 같다.

```
6
12
22
```

이는, main 함수에 내에서 첫 번째와 두 번째 sum 함수 호출시 생략된 인자의 값들을 default 값으로 정의된 0으로 간주하고 함수값을 계산하여 return한 결과이다.

10 CHAPTER 같은 이름을 가진 다른 타입의 함수 정의: function overloading

C 프로그램에서 동일한 기능의 함수인데 인자의 타입이 다를 경우가 있다면 인자의 타입에 따라서 별도의 함수를 각기 다른 이름으로 정의해야 한다. 예를 들어 두 개의 인자값 중에서 더 큰 값을 return하는 max(a, b)라는 함수가 있을 경우 두 인자가 모두 정수인 경우와 실수인 경우를 구분해야 한다. 물론, 인자 타입을 실수(double)로 정의하고 실수가 아닌 인자들은 type casting에 의해서 함수에 인자값을 전달하는 방법도 있으나 일일이 타입변환을 한다는 것은 불편하다. C에서는 이 경우는 보통 두 개의 함수를 따로 정의해서 구분한다.

```
#include <iostream>

int max_int(int a, int b) {
    return a > b ? a : b;
}
double max_double(double a, double b) {
    return a > b ? a : b;
}

int main() {
    std::cout << max_int(10, 12) << std::endl;
    std::cout << max_double(3.41, 0.4) << std::endl;
}
```

C++에서는 동일한 이름의 함수이지만 함수의 인자 타입이나 개수가 다르면 서로 다른 함수로 정의할 수 있도록 허용한다. 같은 이름의 함수가 2개 이상 있을 경우, 함수 호출문의 인자의 타입이나 개수를 기준으로 호출에서 매칭되는 함수가 자동으로 정해지는 것이다. 이런 기능을 function overloading이라고 한다. 아래 예시 코드에서 max라는 같은 이름의 함수가 두 개가 정의되어 있는 것을 확인할 수 있다.

```
#include <iostream>
using namespace std;

int max(int a, int b) {
    cout << "max(int, int) called -> ";
    return a > b ? a : b;
}
double max(double a, double b) {
    cout << "max(double,double) called -> ";
    return a > b ? a : b;
}

int main() {
    cout << max(10, 12) << endl;
    cout << max(3.41, 0.4) << endl;
    //cout << max(3.1, double(12)) << endl; // compile ERROR
}
```

다음은 위 코드의 실행 결과이다.

```
max(int, int) called -> 12
max(double,double) called -> 3.41
```

max함수 호출시 인자들의 type에 따라서 두 개 중 하나가 자동으로 바인딩되는 것을 출력 메시지로 확인할 수 있다.

그런데, 만일에 max(3.1, 12) 의 함수 호출이 있다면 적당한 max함수 선언이 없기에 컴파일시 오류가 발생한다. 즉, 첫째 인자는 실수이고 둘째 인자는 정수인 max (double, int) 함수가 따로 정의되어 있어야 한다.

11 CHAPTER 엄격해진 함수 및 변수의 타입 구분

11.1 함수 타입 구분

C++은 C에 비해서 type checking을 더 엄격히 한다. 앞장에서 설명했듯이, C++에서는 함수를 구분할 때 함수의 이름뿐 아니라, 함수의 인자들의 타입도 함수들을 구분하는 요소로 본다. 따라서, 함수 호출시 함수의 이름만 같다고 함수가 호출되는 것이 아니라 인자의 타입까지 정확히 일치해야 오류가 없다.

또한, 모든 함수의 정의에서 함수의 return type을 명시해야 한다. C에서는 함수의 return type을 생략하면 int 형을 return하는 것으로 간주했으나 C++에서는 그러하지 않고 반드시 명시적으로 return type을 함수 정의에서 기입해주어야 한다. 만일, return하는 값이 없는 함수라면 void 형을 return type 으로 표시하여야 한다.

C++에서 main 함수는 int 형을 return하는 함수로 정의되어야 한다. 따라서, 다음 형태의 main함수 정의는 오류를 일으킨다.

```
main() // return type이 명시되지 않아 오류
void main() // main은 int형값을 return 해야 하기에 오류
```

11.2 변수 타입 캐스팅

C 프로그램의 할당문의 lvalue와 rvalue의 타입을 서로 일치시키기 위해서 rvalue의 type을 변환시키거나 함수호출문에서 호출하는 함수 인자의 type을 함수 정의와 일치시키기 위해서 인자의 데이터 type을 강제로 변환시킬 필요가 있다. 이렇게 type을 변환시키는(type conversion) 연산을 type casting이라고 한다. C++에서는 type casting 방법으로 C에서와 마찬가지로 변환대상 앞에 괄호 안에 type명을 쓰는 방법이 있고

그 외에 함수호출 형태로 type명 뒤에 괄호를 치고 괄호 안에 변환대상을 쓰는 방법도 있다.

```
(new_type) 변환대상
new_type (변환대상)
```

다음은 typecasting의 예시이다. double type의 변수 x를 int type의 x에 할당하기 위해서 typecasting을 하는 두 가지 방법을 보여준다. 또한, double형 인자를 원하는 함수 max의 호출을 위해서는 int형 정수를 double로 type 변환을 시켜서 호출하여야 함을 보여준다.

```
#include <iostream>

using namespace std;

double max(double a, double b) {
    return (a > b ? a : b);
}

int main() {
    double x = 10.3;
    int y;

    cout << x << endl;

    y = (int)x;    // c-like cast notation
    cout << y << endl;
    y = int(x);    // functional notation in C++

    cout << y << endl;
    y = (int) max((double)x, 3.4);
    cout << y << endl;
}
```

다음은 실행 결과이다. y의 값이 정수로 출력됨을 확인할 수 있다.

```
10.3
10
10
10
```

CHAPTER 12

사용자가 정하는 연산자: operator overloading

이전 장에서 함수의 이름이 동일하더라도 인자의 type과 개수에 따라서 다른 방식으로 함수가 작동하게 할수 있는 function overloading을 배웠다. C++에서는 함수뿐 아니라 C++언어 자체에서 제공하는 +, - , *, /, %, =, <, >, ==, &, |, !, <<, >> 등 대부분의 기본 연산자에 대해서도 피연산자의 데이터 타입에 따라서 다른 방식으로 연산이 정의되고 작동하도록 할 수 있는데 이 방식을 operator overloading이라고 한다. operator overloading의 대상은 char, int, float, double 등의 C/C++언어의 표준 데이터 형이 아닌 사용자가 정의한 data type의 피연산자가 대상이 될 때의 연산자 재정의가 목적이다. 다음은 overloading이 가능한 C++ operator(연산자)들이다.

<table>
<tr><td>arithmetic</td><td>+ – * / %</td></tr>
<tr><td>bitwise</td><td>^ & | ~ << >></td></tr>
<tr><td>logical</td><td>! && ||</td></tr>
<tr><td>relational</td><td>< > <= >= == !=</td></tr>
<tr><td>assignment</td><td>= += –= *= /= %= ^= &= |= <<= >>=</td></tr>
<tr><td>increment/decrement</td><td>++ --</td></tr>
<tr><td>subscript</td><td>[ ]</td></tr>
<tr><td>function call</td><td>( )</td></tr>
<tr><td>address, indirection</td><td>& *</td></tr>
<tr><td>others</td><td>->* , -> new delete</td></tr>
</table>

예를 들어, 시, 분의 시간값을 멤버 변수로 가지는 time_24란 struct type이 있다고 가정하자. t1은 1시 35분이고 t2는 2시간 40분을 값으로 가진다고 하자.

```
struct time_24 {
    int min;
    int hour;
};

time_24 t1, t2, t3;
t1.hour = 1; t1.min = 35;
t2.hour = 2; t2.min = 40;
```

여기서 t1의 시간과 t2의 시간을 서로 더하고자 할 때 기존에는 멤버들간에 덧셈을 일일이 다음과 같이 해야만 한다.

```
t3.min = t2.min + t1.min;
t3.hour = t2.hour + t1.hour + t3.min/60;
t3.min = t3.min % 60;
```

위와 같이 복잡하게 표시하지 않고 직관적으로 이해가 쉽도록 + 연산기호를 time_24 자료구조 데이터에 대해서 표시할 수 있도록 + 연산자 기호를 재정의할 수 있다면 위의 3개의 긴 문장을 아래와 같이 간결한 한 문장으로 표현가능하다.

```
t3 = t1 + t2;
```

t1= 1 hour 35 min, t2= 2 hour 40 min 이면, t3=t1+t2= 4 hour 15 min이다.

12.1 이항 연산자(binary operator) overloading

특정 사용자 정의 데이터타입의 변수(객체)에 대한 특정 연산자의 기능을 재정의하기 위해서는 operator<연산기호> 형식의 이름을 가진 함수 정의를 해야 한다. 연산자들 중 연산자 좌우에 각각 하나씩의 피연산자를 요구하는 +, -, *, /, % 등의 이항(binary) 연산자들을 재정의하는 함수는 opd1 <연산기호> opd2의 연산을 표현하기 위해서 <연산기호> 좌우 각각의 피연산자 opd1과 opd2에 대응하는 함수의 인자를 필요로 하기에 두 개의 인자가 operator<연산기호> 함수에 필요하다. 즉, 다음과 같은 형식으로 함수 헤더가 정의된다.

```
return-data_type operator<연산기호>(data_type opd1, data_type
opd2)
```

위의 형태로 함수가 정의된다고 할 때 함수 인자 두 개(opd1와 opd2)는 각각 첫 번째와 두 번째의 각 피연산자를 의미하게 된다.

예를 들어, 앞의 time_24 자료구조 데이터를 위한 + 연산자 재정의는 다음과 같이 두 개의 time_24 타입의 인자를 가지는 operator+ 함수 정의로 구현 가능하다.

```
time_24 operator+ (time_24 & a, time_24 & b)  // operator +
                                    //overloading for time_24 operand
{
    time_24 t;

    t.min = a.min + b.min;
    t.hour = t.min / 60;
    t.min = t.min % 60;
    t.hour = t.hour + a.hour + b.hour;

    return t;
}
```

위 함수 정의에서 함수 헤더에 주목하자. 함수명은 operator+이고 함수의 인자는 두 개인데 모두 time_24 & 형이다. 첫 번 인자는 + 연산자의 좌측 피연산자에 대응하고 두 번째 인자는 + 연산자의 우측 피연산자에 대응한다. 인자가 reference 형으로 정의된 이유는 함수 인자 전달에 소요되는 시간을 최소화하기 위해서이다. 또한, operator+ 함수에서 인자로 전달된 변수값을 변경하지 못하도록 하기 위해서 const 키워드를 다음과 같이 각 인자형에 추가할 수 있다.

```
time_24 operator+ (const time_24 & a, const time_24 & b)
```

함수의 return 값은 time_24형이다. 즉, 함수내부에서 + 연산을 수행하고 그 결과를 time_24 자료구조 데이터에 저장하여 값을 return하겠다는 뜻이다. 여러 개의 멤버를 가지는 time_24 자료구조 전체를 복제하여 결과값을 return하기 때문에 결과값의 주소를 return하는 경우에 비해서 시간적 오버헤드가 더 있을 수 있다. 그러나, 결과 값을 저장한 메모리의 주소나 reference가 아니라 결과값 자체를 return하는 방식은 함수 내부에서 임시로 할당받은 로컬 기억장소가 함수 종료와 동시에 사라진다는 사실 때문에 야기되는 복잡한 메모리 관리 문제로부터는 해방될 수 있다는 장점이 있다. 예를 들어, 아래와 같이 operator+ 함수 내부의 로컬 변수 t의 reference를 return할 경우는 프로그램 실행 중 잘못된 메모리를 참조하려 하는 문제가 발생할 수 있다.

```
time_24 & operator+ (time_24 & a, time_24 & b)  // Wrong return type
{
    time_24 t;

    t.min = a.min + b.min;
    t.hour = t.min / 60;
    t.min = t.min % 60;
    t.hour = t.hour + a.hour + b.hour;

    return t;
}
```

또 다른 binary operator overloading 예로서 time_24 자료구조의 데이터에 분(minutes)으로 더하는 연산을 + 연산자로 정의해보자. 즉, 아래와 같은 연산을 가능하게 해보자.

```
time_24 t3, t4;
t3.hour = 4;   t3.min = 55;  // t3는 4시간 55분
t4 = t3 + 7;  // t4에는 t3의 값에 (4시간 55분) 7분이 더해져서 5시간 2분이
저장된다.
```

위 연산이 가능하도록 <time_24 변수> + <정수> 형태의 + 연산자를 재정의하는 함수를 아래에 정의하였다.

```
time_24 operator+ (const time_24& a,int b_min)
{
    time_24 t;

    t.min = a.min + b_min;
```

```
        t.hour = t.min / 60;
        t.min = t.min % 60;
        t.hour = t.hour + a.hour;

        return t;
    }
```

위 함수 정의에서 함수명은 operator+이고 return type도 time_24로 이전 operator+ 함수 정의와 동일하지만 인자 부분이 다르다. 이전 operator+ 함수에서는 인자가 (time_24, time_24) 형이지만 추가되는 operator+ 함수 정의에서는 인자가 (timer_24, int) 형이다.

이렇게 되면 + 연산자의 overloading이 두 가지가 존재하게 되고 + 연산자 좌우의 데이터 타입에 따라서 두 개 중 자동으로 적절한 함수가 연결되어 연산이 실행된다.

추가로, time_24 형 데이터를 위해서 cout 객체를 이용한 출력을 재정의하는 operator<< 함수 정의가 가능하다. 이 operator overloading 함수 정의가 추가되면 다음의 형식으로 time_24 형 변수인 t의 내용을 복잡하지 않고 간단히 출력할 수 있게 되는 것이다.

```
cout << t;
```

다음은 time_24 형 자료구조를 위한 표준 출력 함수 재정의 및 활용 예시이다.

```
ostream& operator<<(ostream& os, const time_24& t) {
    os << t.hour << " hours "
       << t.min << " mins ";

    return os;
}

int main() {
    time_24 t1, t2;
    t1.hour = 1; t1.min = 35;
    t2.hour = 2; t2.min = 40;

    cout << "t1= " << t1 << endl;
    cout << "t2= " << t2 << endl;
```

```
    cout << t1+t2 << " = " << t1 << " + " << t2 << endl;
}
```

cout << t1에 의해서 어떤 양식으로 출력 메시지를 내보낼지는 상기의 operator<<의 내용을 수정하면 임의로 설정가능하다. 다음은 위 프로그램의 실행 결과이다

```
t1= 1 hours 35 mins
t2= 2 hours 40 mins
4 hours 15 mins  = 1 hours 35 mins  + 2 hours 40 mins
```

12.2 단항 연산자(unary operator) overloading

이번에는 피연산자를 하나만 취하는 연산자를 위한 operator overloading을 어떻게 정의하는지 보겠다. 예를 들어, time_24 형 데이터의 ++ 연산자(increment operator)를 적용하여 분을 1씩 증가시키도록 하기 위함이다. 아래 코드에서 t1이 time_24 형 변수라고 가정하자. ++를 t1에 prefix 연산자로 적용하면 t1의 min 멤버값이 1증가한다.

```
cout << t1 << endl;
++ t1;
cout << t1 << endl;
```

위 코드의 실행 결과는 아래 예시와 같을 수 있다.

```
1 hours 35 mins
1 hours 36 mins
```

단항 연산자의 operator overloading을 위한 함수 정의는 이항 연산자의 경우와 유사하게 다음과 같은 형식으로 함수 헤더를 정의한다.

```
return-data_type operator<연산기호>(data_type opd)
```

함수의 이름은 operator<연산기호>가 되고 함수의 인자(opd)는 피연산자 값을 받아 오게 되고 함수의 return-data_type은 연산 수행 결과의 데이터 타입이다. 다음은 time_24 자료구조의 변수에 적용하는 ++ 연산자 함수 정의 및 호출 예시이다.

```
time_24 & operator++ (time_24& t) {
    t.min++;
    t.hour = t.hour + t.min / 60;
    t.min = t.min % 60;
    return t;
}

int main(){
    time_24 t1, t;

    t1.hour = 1;
    t1.min = 34;

    cout << "before increment t1 = " << t1 << endl;
    t = ++t1;
    cout << "t = " << t << endl;
    ++(++t1);
    cout <<" after 3 increment t1 = " << t1 << endl;
}
```

위 소스코드에서 operator++ 함수의 헤더를 주목하자. 인자로 받는 t를 reference로 받는다. 왜냐하면 함수내부에서 이 인자값을 1 증가시키는 변화를 주면 그 결과가 원 변수에 그대로 반영되어야 하기 때문이다. 아울러, 이 함수의 return도 reference 타입이다. 이는, 이 연산결과를 다른 변수에 할당할 수가 있는데 원본의 reference가 있기에 굳이 복사본을 return할 필요가 없기 때문이다. 변수의 reference를 입력으로 받고 참조하는 원본을 접근하여 변경한 뒤 그 원본의 reference를 다시 return하면 reference 대상이 함수 내부 변수가 아니라 외부에 존재하는 변수(인자로 전달받은 변수)이므로 메모리 관리 문제는 발생하지 않는다.

다음은 위 코드를 실행한 결과 출력이다.

```
before increment t1 = 1 hours 34 mins
t = 1 hours 35 mins
after 3 increment t1 = 1 hours 37 mins
```

위와 비슷한 방식으로 또다른 unary operator인 -- (decrement)연산자를 time_24 자료형에 대해서 다음과 같이 overator overloading으로 재정의할 수 있다.

```
time_24& operator-- (time_24& t) {
    t.min--;
    if (t.min < 0) {
        t.min = 0;
        t.hour--;
    }

    return t;
}
```

새로운 동적 메모리 관리: new, delete

13 CHAPTER

C 프로그램에서는 동적 메모리 할당을 위해서는 malloc( ) 함수와 free( ) 함수를 사용하였다. C++에서는 이 방식 외에도 프로그래밍 언어 자체의 연산자인 new와 delete를 통한 동적 메모리 할당/반환 기능을 제공한다.

다음과 같이 new 연산자를 이용해서 특정 데이터형(type)을 위한 기억장소를 할당받는다.

```
pointer = new type;
```

new를 이용하여 할당받은 기억장소를 반환할 때는 다음과 같이 delete를 사용한다.

```
delete pointer;
```

특정 데이터형의 배열을 위한 기억장소를 할당받기 위해서는 다음과 같이 new 연산자를 사용한다.

```
pointer_array = new type [num_elements]
```

new를 이용하여 할당받은 배열을 반환할 때는 delete를 다음 형식으로 사용한다.

```
delete [] pointer_array;
```

다음은 기억장소 동적 할당에 있어서 malloc과 free를 이용한 방식과 new와 delete를 이용한 방식을 서로 비교하고 있다.

C 언어 스타일	C++ 언어 스타일
int *ip = (int*) malloc(sizeof(int)); char * cp = (char*) malloc(20);	int *ip = new int; char *cp = new char [20] ;
*ip = 43; strcpy(cp, "new");	*ip = 43; strcpy(cp, "new");
free(ip); free(cp);	delete ip; delete [] cp;

다음은 time_24 타입에 대해서 new와 delete를 적용해본 것이다. new를 통해서 동적으로 할당받은 기억장소는 더 이상 해당 기억장소를 사용하지 않을 때는 반드시 delete를 이용하여 시스템에 반환하는 프로그래밍 습관을 가져야 한다. 그렇지 않으면 기억장소 누수(leackage) 버그가 발생하여 컴퓨터가 기억장소 부족으로 멈출 수가 있다.

```
int main() {
    time_24 t1, t2, t3;
    t1.hour = 1; t1.min = 35;
    t2.hour = 2; t2.min = 40;

    time_24* p1 = new time_24;
    time_24* p2 = new time_24 [10];

    p1->hour = 1;
    p1->min = 30;

    p2[0].hour = 2;
    p2[0].min = 20;
    p2[1] = *p1;
    p2[2] = p2[1] + 19;

    cout << *p1 <<endl;
    cout << p2[0] << ',' << p2[1] << ',' << p2[2] << endl;

    delete p1;
    delete [] p2;

    return 0;

}
```

3부

객체지향 언어로서의 C++

01 CHAPTER 객체지향 프로그램의 개념: 클래스 vs. 객체

객체지향 프로그램(object-oriented programming)이란, 프로그램을 설계함에 있어서 문제 해결 알고리즘의 논리적 흐름이나 작업의 순서에 집중하기보다는 문제해결을 위해서 필요한 사물(개념) 자체에 집중해서 문제를 개념화하고 해결안을 설계하는 프로그래밍 패러다임이다. 고전적인 구조적 프로그래밍에서는 '데이터 구조 + 알고리즘(함수의 집합)'으로 프로그램이 구성된다고 이해했다면, 객체지향 프로그래밍에서는 데이터 구조와 알고리즘을 각 사물(개념) 별로 묶어서 사물 별로 객체를 만들고 여러 '객체들의 집합'으로 프로그램이 구성된다는 관점을 가진다.

여기서 '객체'(object)라고 하는 것은, 특정 사물(개념)의 **속성 데이터**와 그 속성 데이터에 대한 **연산 (방법)**을 모두 포함하는 개념이다. 구체적 설명을 위해서 시간 개념을 위한 '객체'를 예를 들자. 이 시간 객체에 담긴 속성 데이터는 시, 분을 의미하는 2개의 정수값으로 구성된다. 여기까지는 struct와 동일하다. 그런데, 이 속성 값들 뿐 아니라 이들을 다루는 여러 가지 연산(방법)들도 포함시킬 수 있는 것이 '객체'이다. 이 시간 객체에 포함될 수 있는 연산 (방법)들의 예는 시간의 속성값을 읽어내기, 시간 속성값을 변경하기, 시간 속성값을 출력하기, 특정 시간을 분으로 환산하기, 두 개의 시간 간의 간격 계산하기 등이 될 수 있다. 정리하자면, 하나의 객체란 어떤 사물의 속성을 표현하는 데이터(값)와 그 속성 데이터를 다루는 연산 (방법)들을 구성 요소로 하는 집합이다.

객체지향 프로그래밍 언어에서 객체를 위한 변수와 함수들을 모아서 '틀'을 구성한다. C++에서는 이러한 객체를 표현하는 '틀'을 클래스(class)라고 한다. 클래스를 이루는 내부 구성 요소는 멤버변수와 멤버 함수들이다. 객체의 속성 데이터는 클래스의 멤버 변수가 되고 객체의 연산 방법은 클래스의 멤버 함수가 된다. C++ 클래스 정의는 C의 struct를 이용하여 새로운 타입을 정의하는 것과 유사하다. 다만, C의 struct는 멤버 변수들만으로 정의하지만 C++의 class는 멤버 변수들 외에 멤버 함수를 포함시켜 정의하는 것이 중요한 차이점이다. 다른 관점에서 보면 struct에 그 멤버들을 다루는 함수를 추가한 것이 class라고 생각할 수 있다. 달리 말하면, class에서 멤버 함수 정의를 제외하면 struct가 되는 것이다. struct 정의에서 키워드만 class로 바꾸면 멤버 변수만 가진 클래스가 정의된다.

클래스는 class라는 키워드와 className(특정 클래스 명칭)으로 시작한다. struct처럼 새로운 사용자 데이터형을 정의하는 것인데, struct 키워드 대신 class 키워드를 사용한다고 생각하면 된다. 다음은 N개의 멤버 변수와 M개의 멤버 함수로 구성된 class 선언 구조이다.

```
class className {
  member_variable_declaraion 1;
   ......
  member_variable_declaraion N;

  member_function_declaration 1;
    ......
  member_function_declaration M;
} ;
```

C에서 프로그램을 하려면 struct를 먼저 '선언'하고 나서 그 struct의 타입을 가진 변수들을 정의하여야 하는 것처럼, C++에서 'class'를 먼저 '선언'하고 나서 그 class의 타입을 가진 '객체'들을 '정의'한다. 예를 들면, 두 개의 시간을 읽어서 두 시간 간의 간격을 알아내는 프로그램을 만든다면, 먼저 시간을 나타내는 class를 선언하고 time1, time2 등의 구체적 시간을 나타낼 수 있는 객체를 정의해서 비교 연산을 수행해야 한다.

다시 말해서, 클래스라는 틀을 이용해서 동일한 형태(타입)의 객체들을 다수 생성하는 것이다. 클래스는 설계도이고 객체가 그 설계도에 따른 실체가 되는 것이다. 붕어빵을 찍는 빵틀은 하나이지만 그 빵틀을 이용해서 수많은 실제 붕어빵을 찍어내는 것과 유사한 개념이다. 붕어빵틀에서 붕어빵을 찍어내어 실제 붕어빵이 되는 것처럼 하나의 클래스에 기반해서 그 클래스의 객체들을 정의해서 실제화시키는 것을 'instantce화 (insantiation)한다'라고 말한다. 다음 그림처럼 하나의 빵틀로 여러 개의 붕어빵을 instance화하는 것이다. 객체(object)는 instance의 다른 명칭이라고 이해하면 된다.

다음은 Time 클래스 선언과 객체 정의의 예시이다.

```
#include <iostream>
using namespace std;

class Time {
    int hour; // hour
    int min; // minutes

public:
    bool setTime(const int& h, const int& m) // 속성값을 업데이트하는 함수
    {
        if (h >= 24 || h < 0)
            return false;
        hour = h;
        if (m >= 60 || m < 0)
            return false;
        min = m;
        return true;
    }

    void getTime(int& h, int& m) // 내부에 저장된 속성을 읽어서 돌려주는 함수
    {
        h = hour;
        m = min;
    }
    void showTime(); // 저장된 시간을 화면에 출력해주는 함수
    int tot_minutes(); // 내부의 저장된 시간을 분으로 환산하기 함수
```

```
    void showTime() {
        cout << hour << " hour " << min << " min " << endl;
    }
    int Time::tot_minutes()
    {
        int totmin = hour * 60 + min;
        return totmin;
    }
} ;

int main()
{
    Time t1, t2;
    int h, m;

    t1.setTime(10, 30);
    t1.showTime();
    t1.getTime(h, m);
    t2.setTime(h, m);
    t2.showTime();
    cout << "Tot Min " << t2.tot_minutes() <<endl;
}
```

다음은 위 프로그램의 출력이다.

```
10 hour 30 min
10 hour 30 min
Tot Min 630
```

위 코드를 간단히 설명해 보자. 먼저, class 정의부를 보면, class 이름이 Time인 것을 알 수 있다. class 멤버들은 총 3개의 변수와 4개의 함수로 구성되어 있다. 멤버 함수 선언에 앞서 public: 이란 키워드가 보이는데 이에 대한 설명은 다음 2장에서 다룰 것이다. main 함수에서는 클래스의 객체 t1과 t2가 선언되어 있고 이들 객체의 멤버 함수 setTime, getTime, showTime들을 호출하고 있다. 객체별 멤버 접근 방식은 struct의 멤버 접근과 동일한 표기 방법을 따른다. 즉, 객체이름 다음에 dot (.) 연산자를 사용하고 원하는 멤버를 적어서 객체의 멤버들을 접근한다. t1.setTime(10,30) 함수 호출을 통해서 객체 t1의 속성 데이터를 10시 30분으로 설정하고 t1.showTime( ) 함수 호출을 통해서 t1에 저장된 시간 속성 데이터 값을 출력한다. t1.getTime(h,m) 함수 호출을 통해서는 t1 객체에 저장된 속성을 읽어 내어 외부 인자 변수 h,m에 전달한다. t2.tot_minutes( ) 함수 호출을 통해서 t2 객체에 저장된 시간값을 분으로 환산한 값을 돌려 받는다.

02 CHAPTER 클래스 멤버 정의하기

클래스를 구성하는 멤버들은 객체 밖에서 다른 객체들이 멤버들을 접근할 수준에 따라 세 가지 종류로 나뉜다.

첫째, private 멤버이다. 이 유형의 멤버 변수나 함수들은 클래스 내부의 멤버들 외에는 접근을 할 수 없다. 즉, 외부에서는 접근이 금지된다. private 멤버 변수들은 public 멤버 함수들을 통해서 간접적으로 접근해야 한다.

둘째, public 멤버이다. 이 유형의 멤버 변수나 함수들은 클래스 내부 뿐아니라 외부에서도 '.' 연산자를 사용해서 접근할 수 있다. 즉, 외부 접근이 자유롭다. struct는 모든 멤버 변수들이 public인 클래스라고 간주할 수 있다.

셋째, protected 멤버이다. 이 유형은 private과 유사하게 외부에서의 접근이 안되는 멤버이지만 클래스들 간에 상속 관계가 있을 때 예외적으로 상속된 클래스 멤버에서도 접근 가능하다(상속을 다루는 부분에서 protected는 다시 설명이 가능하다).

클래스 선언에서 멤버들 선언시에 접근유형을 구분하기 위해서 access specifier를 사용한다. private: public, protected: 등의 label을 access specifier라고 한다. 이들을 멤버 선언문 앞 또는 직전에 적어준다. 한번 표시한 access specifier가 있으면 다른 access specifier가 나오기 전까지는 계속 유효하기에 아래와 같이 각 종류의 access specifier는 멤버들 마다 적지 않고 한번만 적어주면 된다.

```
class className {
   private:
         private Member 1 declaration
         prvate Member 2 declaration
             ...
   public:
```

```
            public Member 1 declaration
            public Member 2 declaration
                 ...
    protected:
            protected Member 1 declaration
            protected Member 2 declaration
                 ...
} ;
```

private이나 public 등의 아무런 표식 없이 멤버를 선언하면 default가 private이다. 따라서, 이전 Time 클래스 선언에서 public: 이 등장하기 전까지 멤버 변수들은 모두 private 임을 암묵적으로 알 수 있다.

이전에 Time 클래스 선언시에 멤버 함수들을 public으로 선언한 것을 확인할 수 있다. public으로 선언해야 이 클래스 객체의 외부에서 멤버 함수를 호출할 수 있는 것이다. 멤버 함수들 중에 private로 선언된 경우가 있다면 멤버 함수들만 이 함수를 호출할 수 있다는 의미이다. 즉, 클래스 내부에서만 사용하고 외부에는 드러낼 필요가 없는 함수들은 private로 선언한다.

멤버 함수들의 구체적 구현(정의)은 클래스 내부에 포함시켜도 되고 클래스 밖에서 정의하여도 된다. 클래스 내부에서 함수 정의를 할 경우는 함수 선언부에서 함수 정의 전체를 적어주면 된다. 클래스 밖에서 멤버 함수를 정의할 경우는 함수 이름을 <클래스이름>::함수명의 형식으로 적어서 이 함수가 클래스 멤버 함수임을 알게 한다. 앞서 소개한 Time 클래스의 선언에서 멤버함수 정의를 클래스 외부에서 한 경우가 이러하다.

클래스의 멤버들을 접근할 때는 클래스의 객체명 다음에 '.' 연산자를 붙이고 멤버 이름을 적어주면 된다. 예를 들어 Time 클래스의 객체 t가 있을 때 t.setTime(10,30), t.getTime(h, m), t.showTime( ) 등으로 접근한다.

다음은 클래스 멤버 access specifier 용법을 보여주는 또다른 예제이다.

```
#include <iostream>
using namespace std;

class Employee {
```

```
private:
    int salary;

public:
    void setSalary(int s) {
        salary = s;
    }
    int getSalary() {
        return salary;
    }
};

int main() {
    Employee myObj;
    // myObj.salary = 30000; <- ERROR: private member Access Violation
    myObj.setSalary(50000);
    cout << "My salary is " << myObj.getSalary();
    return 0;
}
```

Employee 클래스에서 member 변수 salary는 private로 선언하고 getSalary와 setSalary 함수는 public으로 선언되어 있다. 만일, main 함수에서 myObj 객체의 salary 멤버 변수를 직접 접근하려고 myObj.salary 란 표현을 하면 컴파일러가 오류를 발생시킨다. 왜냐하면, salary 멤버는 private으로 클래스에서 선언되어 있기 때문이다. public: access specifier가 setSalary 함수 정의 직전에 나타나는데, 그 효력은 getSalary 함수 정의에도 동일하게 미친다. 왜냐하면, access specifier가 클래스 선언에서 한번 나타나면 다른 access specifier가 나오기 전까지는 그 효력이 계속 미치기 때문이다.

한편 위의 Employee 클래스 정의를 멤버 함수 정의를 클래스 선언과 분리해서 밖에서 따로 함수정의를 함으로써 다음과 같이 변경할 수도 있다. 일반적으로 C++ 프로그램 개발시, 클래스 선언과 멤버 함수 정의는 분리하여 별도의 파일에 저장한다. 즉, 클래스 선언은 그 클래스 객체를 필요로 하는 모든 파일에서 참조할 수 있도록 헤더 화일에 저장하고, 클래스 멤버 함수의 정의를 보여주는 세부 코드는 별도의 cpp 파일에 저장하여 분리함으로 중복된 함수정의를 피한다.

```
// class declaration in Employee.hpp file
class Employee {
private:
    int salary;

public:
    void setSalary(int s) ;
    int getSalary() ;
};

// member function definition in Employee.cpp file
 void Employee::setSalary(int s) {
        salary = s;
    }

  int Empolyee::getSalary() {
        return salary;
    }
```

위의 각 멤버 함수들의 정의하는 코드를 살펴보면 함수 헤더에서 함수 이름앞에 Employee::란 클래스 이름과 scope resoultion 연산자(::)를 볼 수 있는데 이것은 이 함수들이 Employee 클래스의 멤버임을 선언해주는 것이다. 함수 내부에서 salary 변수를 사용하는 것을 볼 수 있는데 함수 내부 어디에도 이 변수의 선언이 보이지 않는다. 이것은 salary가 같은 클래스 멤버 변수임을 뜻한다. 즉, 클래스 멤버 변수는 이 클래스의 멤버 함수들이 자유롭게 접근할 수 있다는 것이다.

멤버함수 내에서 멤버 변수를 접근할 때 그 변수가 클래스에 소속된 변수임을 명확히 하기 위해서 this라는 객체 자신을 가리키는 포인터 변수를 이용할 수 있다(this는 모든 객체마다 자동으로 생성된다). 즉, 다음 두 가지는 효과 면에서 동일하다.

this를 쓰지 않고 멤버함수에서 멤버면수 접근	this를 이용하여 멤버함수에서 멤버변수 접근

`void Time::getTime(int& h, int& m) {`
`    h = hour;`
`    m = min;`
`}`
	`void Time::getTime(int& h, int& m) {`
	`    h = this->hour;`
	`    m = this->min;`
	`}`

03 CHAPTER 추상화 및 encapsulation

이제, 객체지향 프로그램(Object Oriented Programming, 줄여서 OOP라고 부른다)이 왜 좋은지 설명해보자. 좋은 프로그램이란 재사용성이 높고 유지 보수가 편리한 프로그램일 것이다. 프로그램 코드의 재사용성을 높이고 유지 보수 비용을 낮추기 위해서 객체지향 프로그래밍이 유리하다.

그 이유는 OOP의 encapsulation과 abstraction 개념 때문이다. Encapsulation이란, 데이터와 그 데이터를 다루는 함수를 하나 클래스로 묶어서 구현할 수 있다는 것을 의미한다. Encapsulation은 클래스의 method(함수)들만이 외부에 노출되고, 클래스 내부 데이터들은 외부에서 건드리지 못하도록 하는 방패의 개념으로 이해할 수도 있다. private한 영역을 수정하는 것은 코드의 다른 곳에 영향을 주지 않기에 세부 구현에 대해서는 private 영역으로 두려고 한다. encapsulation의 잇점은 사용자가 내부의 구현 세부사항들이나 시스템의 복잡함을 잘 몰라도 프로그램 개발이 가능하게 한다는 것이다. 즉, encapsulation을 통해서 모듈화된 프로그램의 개발이 가능해진다. 다음 그림은 하나의 클래스에 변수와 함수가 encaspulation된 구현 상황을 보여주고 있다.

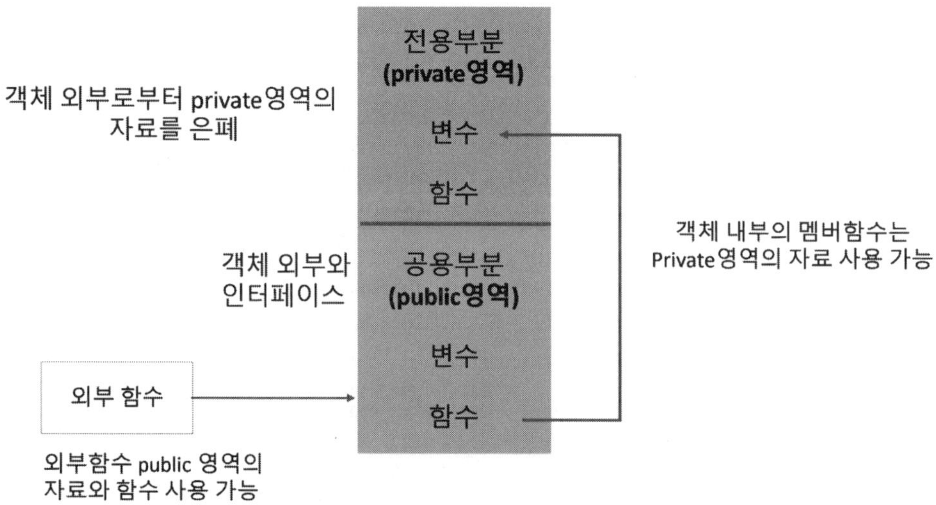

추상화(abstraction)는 객체의 인터페이스(interface)와 세부 구현(implementation)을 분리하여 인터페이스만을 외부에 노출하고 세부 구현은 내부에 감추는 Information Hiding(정보은닉)으로 달성된다. 즉, 외부에는 객체를 사용하는데 꼭 필요한 인터페이스만 공개하고 나머지 객체 내부의 구현에 관한 내용은 외부에서 직접적 접근을 하지 못하게 하는 것이다. 대개 외부와의 인터페이스는 클래스의 public 멤버가 담당하고, 내부의 세부사항들은 private 멤버들을 통해서 간접적으로 가능하게 한다. 이렇게 함으로써 프로그램 개발의 복잡도를 낮추고 프로그램 작성의 노력을 최소화할 수 있는 것이다. 추상화를 하기 위한 객체는 public 멤버와 private 멤버를 구현하는 access modifier가 필요하기에 encapsulation 개념을 포함하게 된다.

이후에 배울 가상 클래스의 상속을 통해서도 추상화가 달성된다. 보편적이고 공통적인 사항을 상위 클래스에서 구현하고 이를 상속받은 하위 클래스는 구체화된 내용만 추가해서 클래스를 작성한다. 예를 들어, MOVE 라는 클래스를 만들고 이를 상속받아 DOG, FISH, CRAB 등의 하위 클래스를 만든다고 하자. 이 경우 MOVE의 의미가 DOG는 walk(걷기)이고, FISH는 swim(헤엄)이고, CRAB은 crawl(기다)로 다를 것이다.

추상화(abstraction)와 encapsulation의 또다른 잇점은, 프로그램의 개발을 편하게 할 뿐 아니라 프로그램의 수정을 안정적이고 손쉽게 할 수 있게 함으로써 유지 보수의 용이성 및 확장성을 증가시킨다는 것이다. 예컨대, 프로그램 내에서 어떤 클래스를 10군데에서 객체로 인스턴스화해서 클래스의 데이터를 출력하는 함수를 사용 중인데, 그 클래스의 데이터를 보여주는 형식을 변경하기로 했다고 하자. 이 프로그램이 OOP에 충실하게 설계되었다면 그 클래스의 데이터 출력에 해당하는 하나의 함수만 수정하면 10군데의 객체를 불러서 사용하는 코드는 전혀 손대지 않고도 새로운 방식으로 출력하도록 간단히 수정이 된다. 이렇게 함으로써 어떤 작업을 수행하는 알고리즘을 변경하거나 개선해야 할 때 이 클래스의 외부에 미치는 영향을 최소화할 수 있는 것이다.

04 CHAPTER 생성자와 소멸자

4.1 생성자

앞서 예제로 본 코드들은 클래스의 객체들을 main 함수 등에서 선언할 때, 객체 선언 뒤에 그 객체 멤버 변수값들의 초기화 과정이 늘 따라다녔다. 멤버 변수들은 대부분 private 이므로 직접 값을 바꿀 수가 없기 때문에 주로 public 멤버 함수를 호출하여 초기화를 한다. Time 클래스에서 setTime( ) 함수 및 Employee 클래스에서 setSalary( ) 함수가 초기화를 담당하는 역할을 했다.

이런 방식을 탈피하여 아래와 같이 int, char 등의 일반 표준 타입의 변수들을 선언하면서 동시에 초기화 하듯이 사용자가 정의한 클래스의 객체들도 선언문에 초기화를 같이 표기할 수 있도록 하는 방안이 제공된다.

```
int value = 10;
char ch ='A';
```

일반 변수 선언문을 다시 보자. value 또는 ch 변수를 위한 기억장소가 할당되고 선언부에서 초기값을 = 기호로 지정해 주면 기억장소에 그 초기 값이 저장되어 그 변수의 기억장소 할당과 초기값 지정이 한번에 이루어진다.

C++에서는 클래스도 이런 방식으로 객체 선언시 기억장소 할당과 해당 기억장소의 초기 값이 지정되게 할 수 있다. 아래는 객체 선언시 초기화하는 방법을 예시하고 있다.

```
Time t1 (10, 30);
Employee man (4000000);
```

위 선언문은 t1이란 객체는 멤버 변수 hour와 min의 값을 10시와 30분으로 초기화하고, man이라 객체는 salary란 멤버 변수를 4000000으로 초기화하라는 의도인데, 위와 같이 객체의 초기값을 객체 선언시에 적어주기 위해서는 별도의 함수를 정의해주어야 한다. 클래스는 사용자가 정의한 것이기에 기억장소 할당과 초기값 설정이 클래스마다 개별화되어야 한다. 클래스에서 이것을 담당하는 전용 멤버 함수가 있는데, 클래스의 생성자(Constructor)라고 부른다.

생성자(Constructor)는 함수명이 클래스의 이름과 동일하다. 생성자는 명시적으로 호출하지 않고 객체가 선언될 때 자동적으로 호출된다. 즉, 객체가 만들어질 때마다 자동으로 호출되는 함수가 생성자이다. 당연한 말이지만 생성자는 public 멤버로 선언되어야 한다.

아래는 Time을 위한 생성자이다. setTime 함수와 거의 동일하다. 다만 함수의 이름이 클래스 이름과 같은 Time이고 함수의 return 값의 타입이 없는 것이 특징이다.

```
Time::Time(int h, int m) {
    if (h >= 24 || h < 0)
        h = 0;
    else hour = h;
    if (m >= 60 || m < 0)
        m = 0 ;
    else
        min = m;
    return;
}
```

이렇게 생성자가 있으면 객체 선언을 더 간결하게 할 수 있다. setTime은 필요가 없어졌다. 다만, 생성자는 객체가 만들어지는 순간에 (선언되는 순간에) 한번만 호출되기 때문에 t2 객체의 선언부가 초기값 h와 m을 알 수 있는 자리로 옮겨졌다.

```
int main()
{
    Time t1(10,30); // t1.setTime(10, 30);를 대신함
    int h, m;

    t1.showTime();
    t1.getTime(h, m);
```

```
    Time t2(h, m); //t2.setTime(h, m);를 대신함
    t2.showTime();
}
```

만일 클래스의 생성자를 따로 정의해주지 않으면 단순히 멤버 변수의 기억장소만 할당해주고 초기값은 정해주지 않는 default 생성자가 작용한다. 즉, 모든 클래스에는 적어도 default 생성자가 컴파일러에 의해서 자동으로 만들어지기에 어떤 클래스이건 그 생성자가 반드시 존재하게 되는 것이다. 사용자가 생성자를 따로 정의하지 않은 클래스의 객체들은 default 생성자에 의해서 기억장소만 할당받고 초기값은 garbage가 되는 것이다.

생성자도 함수이기에 C++의 특징인 deafult function parameter도 적용이 가능하고 function overloading이 가능하다.

즉 Time 생성자의 인자를 다양한 형태로 주어 여러 가지 생성자를 정의할 수 있다.

```
Time::Time(int h, int m) { hour = h; min = m;}
Time::Time(int h) { hour =h; min =0; }
Time::Time() { hour = min = 0;}
```

이렇게 3가지 Time 생성자가 있으면 객체 선언문의 형태에 따라 3개중 하나가 호출되는 것이다. 아래와 같이 t1,t2,t3,의 객체를 선언하면 각 객체가 생성되면서 t1은 10시 30분, t2는 5시 0분, t3는 0시 0분으로 초기화되는 것이다.

```
Time t1(10,30), t2(5), t3();
```

또는 다음과 같이 default function parameter를 주는 방식으로 생성자를 정의할 수도 있다. 주의할 점은 default parameter를 주는 아래 방식이 있으면 위의 overloading 방식과 공존이 안된다는 점이다. 왜냐하면 인자갯수가 0,1,2개 있는 여러 종류의 overloading 함수와 default 인자값이 있는 인자 2개짜리 함수가 동시에 있을 경우, 함수 호출 문맥에서 인자가 0개 또는 1개가 되면 어느 함수를 호출해야 할지 알 수 없는 모호성이 생기기 때문이다.

```
Time::Time(int h =0, int m = 0) { hout = h; min= m; }
```

한편 생성자는 new에 의해서 동적 메모리 할당을 할 때에도 자동으로 호출된다.

```
Time *tp1 = new (Time); // Time 객체의 동적 기억장소 할당
Time *tp2 = new (Time)(10,30); // 10시 30분 시간을 초기값으로 하여
                               // 동적 객체 생성
```

다음은 Employee 클래스에 생성자 정의를 연습해보자. 다음은 Employee 클래스 정의에 생성자 정의를 포함한 코드이다. setSalary 함수가 불필요해졌고 main 함수가 더 간결해진 것을 확인할 수 있다.

```
class Employee {
private:
    int salary;

public:
    Employee(int s) { // 생성자
        salary = s;
    }
    int getSalary() {
        return salary;
    }
};

int main() {
    Employee myObj(4000000); // 생성자 자동 호출
    cout << "My salary is " << myObj.getSalary();
    return 0;
}
```

이번에는 Employee 생성자를 두 가지로 정의하고 어느 생성자가 호출되는지 확인하기 위해서 문자열 출력문을 생성자 내에 삽입해보자.

```
#include <iostream>
using namespace std;

class Employee {
```

```
private:
    int salary;

public:
    Employee(int s) {
        cout << "Constructor (" << s << ") is called" << endl;
        salary = s;
    }
    Employee() {
        cout << "Constructr with 0 arg is called" << endl;
        salary = 0;
    }

    int getSalary() {
        return salary;
    }
};

int main() {
    Employee manObj(50000);
    Employee boy;

    // myObj.salary = 30000; <- ERROR: private member Access Violation
    //myObj.setSalary(50000);
    cout << "My salary is " << manObj.getSalary();
    return 0;
}
```

다음은 위 프로그램의 실행 결과이다.

```
Constructor (50000) is called
Constructr with 0 arg is called
My salary is 50000
```

4.2 소멸자

객체가 메모리를 할당받으면서 생성될 때(객체가 정의된 scope가 실행될 때에) 생성자가 자동으로 호출되듯이 객체가 메모리를 반납하면서 소멸될 때(프로그램의 흐름이 객체가 정의된 scope를 벗어날 때) 소멸자가 자동 호출된다. 소멸자는 생성자에 의해서 할당된 기억장소를 시스템에 반납하고 그 객체가 소멸됨으로 인해서 재설정되어야 하는 값들이 있으면 조절하는 역할을 수행하도록 정의되어야 한다.

소멸자는 멤버 함수로서 정의된다. 클래스와 같은 이름의 함수명을 가지되 함수명 앞에 ~ (tilde)를 붙이고 return값과 함수 인자가 없는 것이 특징이다. 즉 X 클래스의 소멸자는 다음과 같은 형식으로 정의되어야 한다.

```
~X();
```

다음은 Time 클래스의 소멸자 ~Time( )의 정의를 포함한 코드이다.

```
class Time {
    int hour; // hour
    int min; // minutes
public:
    Time(int h = 0, int m = 0) {hour = h; min = m; cout <<
    "Constructor called" << endl; }
    ~Time() { cout << "Destructor called" << endl; }
    void getTime(int& h, int& m); // 내부에 저장된 속성을 읽어서 돌려주
    는 함수
    void showTime(); // 저장된 시간을 화면에 출력해주는 함수
    int tot_minutes(); // 내부의 저장된 시간을 분으로 환산하기 함수
};

int main() {
    Time t1(10, 30); // t1 객체의 생성자 호출
    Time t2(12); // t2 객체의 생성자 호출
    t1.showTime();
    t2.showTime();
} // 함수 종료 및 t1, t2 객체의 Destructor 호출
```

다음은 위 코드의 실행결과 출력 화면이다. 마지막 두 개의 메시지를 통해서 Destructor 함수가 자동으로 호출된 것을 확인할 수 있다. 생성된 객체가 2개이므로 Destructor (소멸자)도 2번 호출된 것이다.

```
Constructor called
Constructor called
10 hour 30 min
12 hour 0 min
Destructor called
Destructor called
```

복사 생성자 05

CHAPTER

5.1 복사 생성자 정의하기

클래스 생성자에 클래스 자신과 같은 클래스의 객체를 인자로 가지도록 정의할 수 있을까? 답은 가능하다. 이것이 복사 생성자이다. 다음 문장은 일반 변수 선언시에 이미 존재하는 변수를 이용해서 초기화 하는 경우이다. 참고로 C++에서는 변수 선언시 ( )를 이용해서 변수 초기값을 지정해줄 수도 있다.

```
int A = 3; // A를 선언과 동시에 3으로 초기화함
또는
int A (3); // A를 선언과 동시에 3으로 초기화함

int B = A; // B를 선언하면서 B가 A와 같은 값을 가지도록 이용해서 초기화한다.
```

이와 같이 기존에 이미 존재하는 같은 클래스의 객체의 값을 복사해서 새로 생성되는 객체를 초기화할 수 있다.

```
Time t1 (10,30); // t1을 초기화 함
Time t2 = t1;
Time t3 (t1);
```

위의 t2는 t1의 값을 복제하여 초기화를 하겠다는 뜻이다. 객체 t3도 t1을 복제하여 초기화하겠다는 뜻이다. 이 경우 복사 생성자(copy constructor)가 호출이 된다. 복사 생성자는 일반 생성자처럼 함수명이 클래스 이름과 동일한 public 멤버 함수이다. 이 복사 생성자는 함수의 return이 없고 인자로 자신이 속한 클래스의 reference 타입을 인자로 받는다. 즉, 클래스 classX 객체를 위한 복사 생성자의 선언 형태는 아래와 같다.

```
classX (const classX & obj) ;
```

classX의 객체 정의시 초기화는 다음과 같은 방식으로 나타내고 이때 복사 생성자가 자동 실행된다.

```
classX obj1 (init_value) ; // 객체 obj1를 생성하면서 init_value 값으로 초기화함
classX b (obj1);    // 객체 b를 생성하면서 obj1의 값과 동일하게 초기화함
classX b = obj1;  // classX b(obj1)와 동일한 개체 생성 방법
```

다음은 복사 생성자를 설명하기 위한 Time 클래스 선언의 예시이다.

```
class Time {
    int hour; // hour
    int min; // minutes

public:
    Time(int h, int m); // 생성자
    Time(Time& t); // 복사 생성자
    void getTime(int& h, int& m); // 내부에 저장된 속성을 읽어서 돌려주는 함수
    void showTime(); // 저장된 시간을 화면에 출력해주는 함수
    int tot_minutes(); // 내부의 저장된 시간을 분으로 환산하기 함수
};

Time::Time(Time& t) {
    hour -= t.hour;
    min = t.min;
}

int main()
{
    Time t1(10, 30);
    Time t2 = t1;

    t1.showTime();
    t2.showTime();
}
```

다음은 위 프로그램의 실행결과이다.

```
10 hour 30 min
10 hour 30 min
```

다음 두 가지 방식의 객체 선언에 의해서 복사 생성자의 호출이 이루어진다.

```
Time t2 (t1) ;
```

또는

```
Time t2 = t1;
```

Employee 클래스에 복사생성자를 추가하고 복사생성자가 호출되는지 확인하기 위해서 내부에 "Copy Constructor called"라는 문자열이 출력되게 출력문을 삽입하자. 복사생성자의 인자는 const로 선언하여 인자로 전달 받은 객체의 수정을 예방하도록 하자. 그리고, 객체 초기화를 = 연산자를 쓰는 대신 ( ) 연산자로 바꾸어보자.

```
#include <iostream>
using namespace std;

class Employee {
private:
    int salary;

public:
    Employee(int s) {
        cout << "Constructor (" << s << ") is called" << endl;
        salary = s;
    }
    Employee() {
        cout << "Constructr with 0 arg is called" << endl;
        salary = 0;
    }
    Employee(const Employee & e) {
        cout << "Copy Constructor (" << e.salary << ") is called" << endl;
        salary = e.salary;
    }
```

```
    int getSalary() {
        return salary;
    }
};

int main() {
    Employee manObj(50000); // constructor call
    Employee boy (manObj);  // copy constructor call
    cout << "My salary is " << manObj.getSalary();
    return 0;
}
```

상기 프로그램은 오류없이 컴파일이 되고 실행되었다. 다음은 상기 프로그램의 실행 결과이다.

```
Constructor (50000) is called
Copy Constructor (50000) is called
My salary is 50000
```

5.2 복사 생성자와 함수 호출

복사 생성자가 호출되는 또하나의 중요한 지점은 함수의 인자로 객체가 전달되거나 return 값으로 객체가 전달될 때이다. (반대로, reference 타입으로 인자를 전달하거나 return을 할 경우는 복사생성자가 사용되지 않는다)

기본 데이터형인 int형만 인자와 return 값으로 사용하는 call 함수 정의를 예로 들자.

```
// 함수 call 정의
int call (int arg_int) {
  int result;

  // compute result using arg_int
  //
```

```
    return result;
}

// 함수 call 호출문
int actual_param = 10, res_v;
res_v = call(actual_param);
```

call 함수의 인자로 선언된 변수 arg_int는 함수 호출문에서 쓰인 actual_param 변수와는 전혀 다른 별개의 기억장소를 할당받아 존재하게 된다(arg_int 변수 주소와 actual_param 변수 주소를 출력문으로 확인해보면 다른 주소값을 확인할 수 있다). 이러한 함수호출에서의 call-by-value 개념을 C++에서는 객체를 함수의 인자로 사용하는 경우에도 똑같이 적용한다.

또한, call 함수의 return 문에 의해서 result 변수 자체의 위치(주소)가 전달되는 것이 아니고 result 변수 값을 저장하기 위한 임시 기억장소가 return 문에 의해 시스템 스택 상에 만들어지고 그 임시 기억장소에 rsult의 값의 복제가 이루어지는 것이 return의 결과이다. 함수 종료 후에는 res_v에 그 임시로 얻어진 기억장소의 값이 res_v에 할당문에 의해서 복제된다. 이런 return시 새로운 기억장소를 얻고 그곳에 내부 계산된 값을 복제하여 '값'을 전달하는 개념이 객체를 return하는 경우에도 동일하게 적용된다.

이제 int 대신 클래스로 정의된 객체를 인자로 사용하는 함수 호출문을 생각하자. 이 함수 호출에서 인자로 사용된 객체를 함수로 전달한다는 의미는, 인자 자체의 위치를 전달하는 것이 아니고 새로운 객체를 생성하고 이 새로운 객체의 기억장소에 인자로 쓰인 객체의 값을 복제한 뒤에 프로그램 제어가 함수 정의 본문으로 이동한다는 것이다.

예를 들어 아래와 같은 func란 함수가 정의되어 있을 때 이 함수의 인자 arg1의 전달에 복사 생성자의 호출이 일어난다. 또한 이 함수가 return을 실행할 때에도 함수 내부 local 객체인 ret_obj의 값을 새로운 기억장소에 복제하여 전달하기 때문에 복사 생성자의 호출이 발생한다(이때 생성되는 새로운 객체는 따로 이름이 없다).

```
classX func (classX arg1, classX & arg2) {
    classX ret_obj;
```

```
 // compute for ret_obj using arg1 and arg2

   return ret_obj
}
```

위 코드를 다음과 같이 바꿀 경우 주의가 필요하다.

```
classX & func (classX arg1, classX & arg2) {
 // ... 여기서 부터는 상기 func 함수 내용과 동일
}
```

return 할 객체는 함수 종료 이후에도 그 기억장소가 변함없이 남아 있어야 한다 (system에 돌려주면 안된다). 따라서, reference를 return한다면 func 함수에 local한 임시 객체들의 reference를 return해주면 안된다. 다시 말해서, 함수 내부에서 정의된 객체의 refreence를 return해서는 안되고 함수의 인자로 전달 받은 변수의 reference를 return하거나 동적으로 할당받은 기억장소의 reference를 return해야 실행 중 오류가 생기지 않는다.

다음 간단한 코드에서 이 의미를 확인할 수 있다.

```
class classX {
private:
    int v;
public:
    classX(int x = 0) {
        cout << "Constructor called with " << x;
        cout << " addr = " << this << endl;
        v = x;
    }
    classX(const classX& obj) {
        cout << "Copy constructor with " << obj.v  << " copy addr = " << &obj;
        cout << " generating new addr = " << this << endl;
        v = obj.v;
    }
    int getV() { return v; }
```

```
    void setV(int x) { v = x; }
};

classX func(classX arg1, classX arg2) {
    cout << "func called wih " ;
    cout << " addr = " << & arg1 << " and addr = " << & arg2 <<endl;

    classX res;
    res.setV((arg1.getV() + arg2.getV()));
    return res;
}

int main() {
    classX a(1), b(2), c(5);
    cout << "addr of a= " << &a <<endl;
    cout << "addr of b= " << &b << endl;
    cout << "addr of c=" << &c << endl;
    c = func(a,b);
    cout <<"answer= " <<c.getV() << endl;
    return 0;
}
```

다음은 출력이다. 함수 호출 전후에 각각 한번씩 복사 생성자가 호출된 것을 확인할 수 있다. 아래 메시지에서 객체 a 및 객체 b를 전달 받은 func의 인자인 arg1, arg2는 복사생성자에 의해서 만들어진 객체이며 이들의 기억장소는 a, b와 주소가 다른 것을 확인할 수 있다(참고로 위 코드에서 this라는 키워드는 객체 자기 자신의 주소를 가리킨다).

```
Constructor called with 1 addr = 00000043FC38F574
Constructor called with 2 addr = 00000043FC38F594
Constructor called with 5 addr = 00000043FC38F5B4
addr of a= 00000043FC38F574
addr of b= 00000043FC38F594
addr of c=00000043FC38F5B4
```

```
Copy constructor with 2 copy addr = 00000043FC38F594
                       generating new addr = 00000043FC38F694
Copy constructor with 1 copy addr = 00000043FC38F574
                       generating new addr = 00000043FC38F6D4
func called wih  addr = 00000043FC38F6D4 and addr = 00000043FC38F694
Constructor called with 0 addr = 00000043FC38F454
Copy constructor with 3 copy addr = 00000043FC38F454
                       generating new addr = 00000043FC38F714
answer=3
```

5.3 생성자와 객체 타입 변환

C++에서는 함수문 형태를 띤 타입캐스팅이 가능하다. 즉, 실수 y를 정수형으로 변환하는 형변환이 아래 두 가지로 모두 가능하다.

```
int y;
float x = 3.14;
y = (int) x;
y =  int (x);
```

C에서는 주로 위 첫 번 방식만을 써왔으나 C++에서는 두 가지 형태가 모두 가능하다. classX의 객체 x를 classY 객체 y로 할당하는 경우, 아래 두 가지 코드 모두가 정당하다.

```
int x = 1,
classX y(2);

y = (classX) x;  // type conversion calls constructor
y = classX(x);  // same as above
```

이때 typecasting은 실제로 classX의 생성자에서 수행된다. classX(x)와 (classX)는 정수형 인자를 가진 생성자를 호출하는 결과를 초래할 것이다. 즉, x를 초기값으로 해서 classX의 객체를 먼저 하나 생성하고 이 생성된 객체를 y로 할당하라는 뜻이다.

아래와 같이 상수값을 바로 주어 특정 클래스의 객체를 생성할 수도 있다. 이때에도 위와 같은 생성자가 호출된다.

```
x = classX (3); // constructor call with 3 and assigns the new
                   object to x
x = (classX) 3; // same as above
```

그런데 아래 예시에서 x, y가 모두 classX의 객체라면 classX의 복사생성자가 객체 x를 인자로 하여 호출될 것이다. 타입 변환의 두 가지 형태 모두 인자가 어떤 타입이냐에 따라 생성자 또는 복사생성자의 호출이 자동으로 정해진다.

```
classX x(1); // constructor call with 1
classX y(2); // constructor call with 2

y = (classX) x;  // type conversion calls copy constructor
y = classX(x);   // same as above
```

다음 간단한 코드에서 이 의미를 확인할 수 있다.

```
class classY {
private:
    int v;
public:
    classY (int x = 0) {
        cout << "Constructor called with " << x;
        cout << " addr = " << this << endl;
        v = x;
    }
    classY (const classY& obj) {
        cout << "Copy constructor with " << obj.v  << " copy addr = " << &obj;
        cout << " generating new addr = " << this << endl;
        v = obj.v;
    }
   // ~classY () { cout << "Destructor called with " << v <<"
      addr= " <<this << endl; }
```

```
};

int main() {
    classY a(1), b(2), c(5);
    a = classY(10);
    a = (classY)10;
    b = classY(c);
    b = (classY)c;

    cout << "addr of a= " << &a <<endl;
    cout << "addr of b= " << &b << endl;
    cout << "addr of c=" << &c << endl;

    return 0;
}
```

다음은 출력이다. 함수 호출 전후에 각각 한번씩 복사 생성자가 호출된 것을 확인할 수 있다. 아래 메시지에서 with 1인 객체 a에 대한 출력이고 with 2는 객체 b에 대한 출력이다.

```
Constructor called with 1 addr = 0000005AAB72F754
Constructor called with 2 addr = 0000005AAB72F774
Constructor called with 5 addr = 0000005AAB72F794
Constructor called with 10 addr = 0000005AAB72F874
Constructor called with 10 addr = 0000005AAB72F894
Copy constructor with 5 copy addr = 0000005AAB72F794 generat-
                      ing new addr = 0000005AAB72F8B4
Copy constructor with 5 copy addr = 0000005AAB72F794 generat-
                      ing new addr = 0000005AAB72F8D4
addr of a= 0000005AAB72F754
addr of b= 0000005AAB72F774
addr of c=0000005AAB72F794
```

클래스 operator overloading

06
CHAPTER

6.1 binary operator overloading

앞서 struct에 대한 operator overloading을 살펴보았는데 여기서는 클래스 멤버 함수로서 operator overloading을 살펴보자. 아래와 같은 <opr> 이항 연산자를 쓰는 상황을 가정하자.

```
rhs = opd1 <opr> opd2
```

위에서 <opr> 연산자 좌측의 피연산자 opd1 객체가 X 클래스의 멤버로 operator overloading 함수를 정의할 경우는 아래와 같이 멤버 함수 원형을 정의한다.

```
X operator<opr> (X &opd2) ;
```

이 경우 operator의 호출은 다음과 같은 식에 의해서 이루어진다.

```
class X {
private:
   // ... member variables declaration
public:
    X operator<opr> (X &opd2) ; // <opr> 연산자 재정의 (overloading)
   // ... 다른 member functions (생성자, 소멸자, 복사생성자 포함) 선언
};

X opd1, opd2, rhs;  // 클래스 X의 객체 선언

rhs =  opd1 <opr> opd2 ; // 클래스 X간의 <opr> 연산 수행
```

예를 들어, Counter라는 클래스에 + 이항 연산자를 정의하는 예를 아래에 보였다.

```
#include <iostream>
using namespace std;

static int gid = 0;
class Counter {
    int value;
    int id;
public:
    Counter(int v);     // constructor
    Counter(Counter& c); // copy constructor
    ~Counter(); // destructor
    Counter operator+ (Counter& opd); // + operaotr overloading
};

Counter::Counter(int v=-1) {
    id = gid++;
    value = v;
    cout << "Constructor (" << id << ") value=" << value << endl;
}

Counter::Counter(Counter& c) {
    id = gid++;
    value = c.value;
    cout << "Copy constructor (" << id << ") for id =" << c.id << endl;
}

Counter::~Counter() {
    cout << "Destructor (" << id << ") value=" << value << endl;
}

Counter Counter::operator+(Counter& opd) {
    Counter c(0);
    c.value = value + opd.value;
    cout << value << "+" << opd.value << "=" << c.value << endl;
```

```
    return c;
}

int main() {
    Counter c1(100), c2(200);
    Counter c3;

    c3 = c1 + c2;
    cout << "end" << endl;
    return 0;
}
```

위 코드에서 특히 주목할 부분은 operator+ 함수의 원형과 return 값이다. +연산자 왼쪽 피연산자 객체 c1의 멤버 함수로서 operator+ 함수가 호출된 것이다. 이 함수의 인자 opd는 +연산자의 두 개의 피연산자 중 오른쪽의 피연산자 c2를 의미한다. c1 +c2 문장에서 함수 인자는 c2가 되는 것이다. 아래 그림에서 이 개념을 도식화하였다.

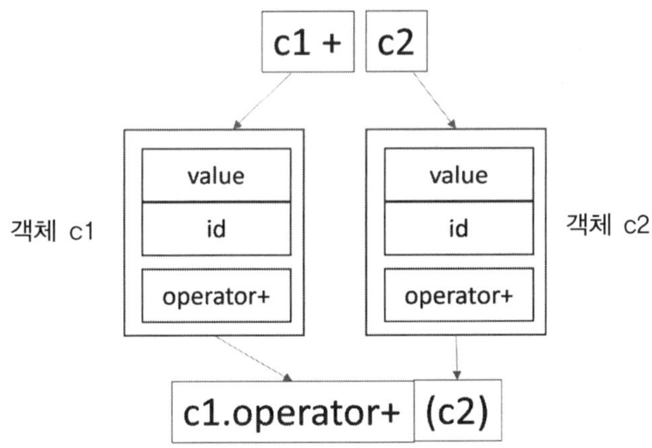

이번에는 operaotor+ 함수 원형의 return 타입에 대해 생각해보자. operaotor+ 함수의 인자는 reference 형이지만 return 값은 reference 타입이 아니고 객체 그 자체가 된다는 점에 유의해야 한다. 왜냐하면 함수 내부의 임시 객체에 연산 결과를 일단 담아 두는데 그 임시 객체는 함수의 return과 동시에 사라지기 때문에 그 사라질 객체의 reference를 돌려주는 것은 위험하기 때문이다. 마치 존재하지 않는 변수의 포인터 값을 돌려주는 것과 같은 문제가 생기는 것이다. 따라서, return의 하는 값은 local 객체의 reference가 아닌 그 local 객체를 복제하여 생성된 객체이어야 하기에 객체 자체 타입이 return type이 되어야 한다. 이 함수의 마지막 문장인 return c의 의미는 c라는 객체의 값을 복제하여 새로운 객체를 만들고 그 객체를 호출한 함수(여기서는 main)에 돌려주라는 뜻이다. 이 새로운 객체는 c를 복제하여 만들어지기 때문에 복제생성자가 호출된다. 사실 이때 만들어지는 새로운 객체도 임시 객체이지만 c는 return과 동시에 사라지고 return에 의해 만들어지는 새로운 (이름없는) 임시 객체는 값을 c3=c1+c2의 c3에 할당하고 나서 사라진다. 결론적으로, operator+ 함수가 return하는 것은 새로 만들어진 임시 객체이지 내부 객체의 reference가 아니다는 것이다.

다음은 위 코드의 실행결과 출력이다.

```
Constructor (0) value=100
Constructor (1) value=200
Constructor (2) value=-1
Constructor (3) value=0
100+200=300
Copy constructor (4) for id =3
Destructor (3) value=300
Destructor (4) value=300
end
Destructor (4) value=300
Destructor (1) value=200
Destructor (0) value=100
```

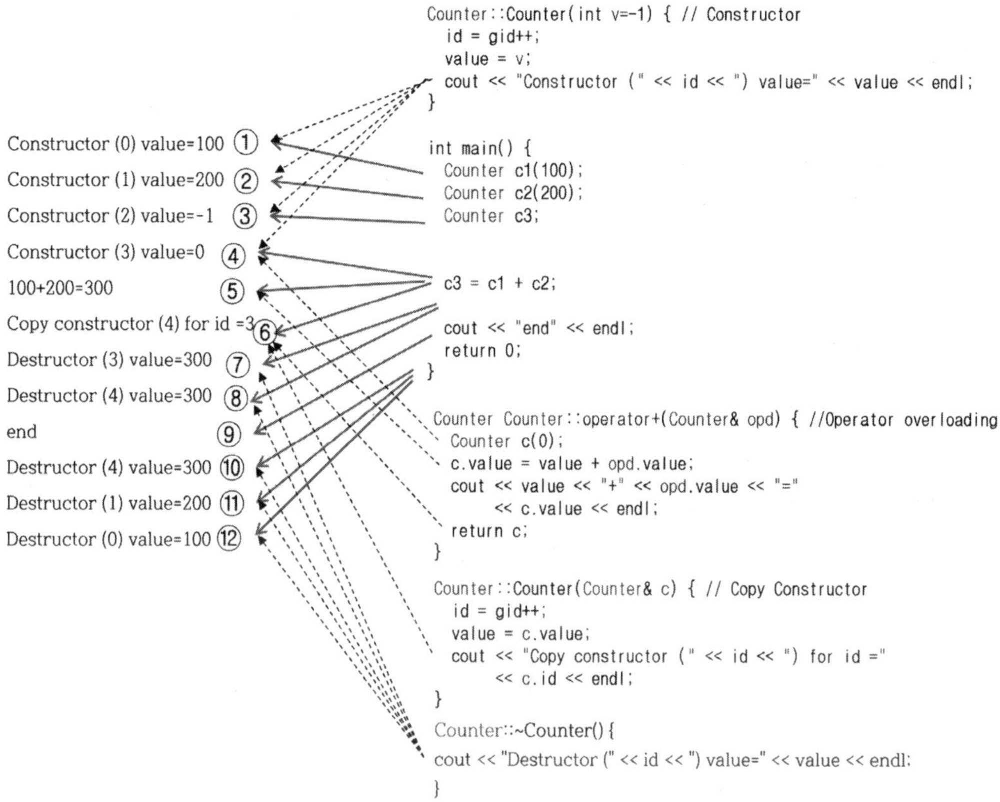

생성자와 복사생성자는 호출될 때마다 gid라는 전역 변수값을 객체 내의 멤버인 id에 할당한 뒤에 이 값을 1씩 증가시킨다. 이렇게 함으로 모든 객체들에게 고유한 식별자를 id에 부여할 수 있게 되었다. 이로써 복사생성자는 어느 객체를 복사하는 것인지, 소멸자가 호출될 때에 어느 객체를 소멸시키는 것인지 구분할 수 있도록 하였다.

main 함수의 문장들을 하나씩 따라가 보겠다.

[1] 객체 선언

```
Counter c1(100);
Counter c2(200);
Counter c3;
```

위 3개의 줄은 c1, c2, c3 객체를 선언하고 있기에 3개의 Counter 클래스의 생성자가 호출된다. 이에 따라 0, 1, 2번 id를 가진 객체가 생성되었다고 ①, ②, ③번 메시지가 출력되었다.

[2] 객체 덧셈 연산

main 함수 내의 다음 문장 실행을 살펴보자.

```
c3 = c1 + c2
```

위 c1+c2 연산에 의해서 c1 객체의 멤버 함수 operator+ 함수가 c2객체를 인자로 하여 호출된다.

[3] operator+ 함수 실행

operator+ 함수가 호출되고 나면 처음 만나는 문장이 아래의 로컬 객체 선언이다.

```
Counter c(0) ;
```

위의 c(0) 객체 선언에 의해서 생성자가 호출되고 ④번 메시지가 출력된다. (3번 객체에 대한 생성자 호출)

다음으로 operator+ 함수 내부에서 아래 문장이 실행된다.

```
c.value = value + opd.value ;
```

operator+함수의 인자로 넘겨받은 opd 객체의 value 멤버값(opd.value)과 c1 객체의 value 멤버값이 더해져서 함수내 local 객체인 c 객체의 value 멤버값 (c.value)가 정해진다. operator+ 멤버 함수는 c1 객체의 멤버이기에 같은 c1 객체의 멤버인 value 변수를 접근하기 위해서 특별한 표시가 필요없이 그냥 변수 명만 value라고 적은 것이다. 그러나, opd 객체의 멤버변수 value는 이 함수가 속한 객체 밖의 다른 객체의 멤버이기에 opd.value라고 명백히 어느 객체 소속인지 표기해야 한다.

이 다음 문장인 cout 출력문에 의해서 ⑤ 메시지가 출력되었다.

```
cout << value << "+" << opd.value << "=" << c.value << endl;
```

[4] Operator+ 함수 return 실행

operator+ 함수의 마지막 문장인 return c 문장이 실행된다.

```
return c;
```

return에 의해서 새로운 Counter 클래스의 객체가 익명으로 임시 생성되고 이 객체에 c 객체의 값이 복사된다. 즉, Counter클래스의 복사생성자가 호출되고 이에 따라 ⑥번 메시지가 출력된다. (4번 객체에 대한 복사 생성자 호출) ⑥번 출력 메시지를 보면 id=3 객체의 값을 복제하여 id=4 객체를 생성한다고 나와 있다.

return에 의해서 값을 반환한 뒤 operator+ 함수가 종료되면 operaor+ 함수 내의 local로 생성되었던 객체들은 기억장소를 반납하게 된다. 이에 따라 객체 c를 위한 소멸자가 호출되고 ⑦번 메시지가 출력된다. (3번 객체에 대한 소멸자 호출)

[5] 덧셈 연산값 c3 저장

main 함수로 다시 돌아와서 operator+ 함수의 return 값이 c3 객체에 값이 할당이 된다. 즉, c1.operator+(c2) 함수 호출이 완료되고 그 결과 값으로 되돌아온 Counter 객체를 c3 객체에 복사하는 것이다. 그런데, operator+ 함수가 return한 객체는 임시로 생성된 것이므로 c3에 값을 전달하고 나서는 자동으로 소멸된다. 이에 따라 메시지 ⑧이 출력된 것이다. (4번 객체의 대한 소멸자 호출)

위 c3 = c2 + c1 문장 수행 후 다음 문장에 의해서 메시지 ⑨가 출력된다.

```
cout << "end" << endl;
```

이 문장 수행 이후 main 함수가 종료가 된다. 이때 main 함수 내에 선언되었던 모든 객체들이 기억장소를 반납하게 된다. 이에 따라 c1,c2,c3 객체에 대한 소멸자가 호출되고 메시지 ⑩, ⑪, ⑫ 가 출력된다. (0,1,2 번 객체에 대한 소멸자 호출)

6.2 unary operator overloading

피연산자를 1개만 가지는 ++ 또는 -- 연산자를 위한 클래스 operator overloading하는 방법을 살펴보자. prefix 연산자로 정의할지 postfix 연산자로 정의할지에 따라 선언 방법이 다르다.

다음과 같은 형식의 멤버 함수를 정의하면 prefix ++ 연산자를 오버로딩할 수 있다.

연산자 선언 형식: 클래스명 & operator++( ) ;
연산자 호출 형식: **++객체명**

여기서 유의할 사항은 operator++ 함수의 인자가 아무것도 없어야 한다는 점과 return 타입이 reference 형이란 점이다. operator++ 함수가 return하는 것은 객체 자기 자신이 되는데 이것은 return한다고 사라지거나 기억장소를 반환하지 않는다. 증감 연산자의 연산 결과는 값이 증가된 원래의 객체 그대로이어야 문맥상 맞기 때문에 reference형을 써야 ++ 연산 결과값을 바로 객체에 올바르게 할당할 수가 있다. 즉, 이항 연산자를 위한 연산자 정의와는 달리 단항연산자는 임시 객체를 반환하지 않고 멤버 함수를 포함한 원객체 자체의 참조자를 반환한다.

여기서 질문은 원객체(자기 자신)를 어떻게 멤버 함수가 지정할 것인가의 문제이다. 이 문제를 해결하기 위해서 C++언어에서는 this라는 특별한 포인터 변수를 제공하고 있다. this는 reserved word로서 멤버 함수 내에서 그 멤버 함수가 소속된 객체 자체를 가리키는 포인터를 의미한다. 어떤 객체의 멤버 함수에서 객체 자신의 주소는 this이고 객체 자체 값은 *this를 사용하면 된다. 즉, 멤버함수에서 객체 자체의 값을 return하는 방법은 아래 문장과 같다.

```
return *this ;
```

다음은 postfix ++ 연산자를 오버로딩하는 방법이다. prefix 정의와 구분하기 위해서 함수의 인자에 하나의 정수값을 형식적으로 넣어준다. 그러나 이 int 인자는 실제 연산에서는 사용되지 않는다.

연산자 선언 형식: 클래스명 & operator++(int) ;
연산자 호출 형식: **객체명++**

다음은 Counter 클래스의 prefix와 postfix 연산자 모두를 정의한 결과이다.

```
static int gid = 0;
class Counter {
    int value;
    int id;
public:
    Counter(int v);    // constructor
    Counter(Counter& c); // copy constructor
    ~Counter(); // destructor
    Counter operator+ (Counter& opd); // + operaotr overloading
    Counter &operator++() { cout << "prefix++ called (value="
            << value << ")" << endl;  value++; return *this; }
    Counter &operator++(int) { cout << "post++ called(value="
            << value << ")" << endl;  value++; return *this; }
    void show() { cout << id << ":" << value << endl; }
};

Counter::Counter(int v=-1) {
    id = gid++;
    value = v;
    cout << "Constructor (" << id << ") value=" << value << endl;
}

Counter::Counter(Counter& c) {
    id = gid++;
    value = c.value;
    cout << "Copy constructor (" << id << ") for id =" << c.id << endl;
}

Counter::~Counter() {
    cout << "Destructor (" << id << ") value=" << value << endl;
}

Counter Counter::operator+(Counter& opd) {
    Counter c(0);
    c.value = value + opd.value;
    cout << value << "+" << opd.value << "=" << c.value << endl;
```

```
    return c;
}

int main() {
    Counter c1(100), c2(200);
    Counter c3, c4;

    ++c1;
    c3.show();
    c3 = ++c1;
    c3.show();
    c4.show();
    c4 = c2++;
    c4.show();
    cout << "end" << endl;
    return 0;
}
```

다음은 위 코드의 실행 결과이다.

```
Constructor (0) value=100
Constructor (1) value=200
Constructor (2) value=-1
Constructor (3) value=-1
prefix++ called (value=100)
2:-1
prefix++ called (value=101)
0:102
3:-1
post++ called(value=200)
1:201
end
Destructor (1) value=201
Destructor (0) value=102
Destructor (1) value=201
```

```
Destructor (0) value=102
```

대부분 우리 예상과 일치하는 출력인데 출력 문을 자세히 보면 주의할 점을 두 가지 발견할 수 있다.

첫째는, prefix 연산과 postfix 연산의 결과가 차이가 없다는 점이다. 기본 데이터 타입에 대해서는 prefix ++와 postfix ++는 영향이 다르지만, 사용자 정의 연산에서는 그 결과에 차이가 실제로는 없다는 점이다.

두 번째는, c3와 c4가 할당받기 전에는 id가 2와 3이었는데 값을 할당받은 뒤 0과 1로 바뀌어 버린 점이다. 이는 = 연산자가 객체에 대해서 사용되면 단순히 = 연산자 우측의 객체의 모든 값을 좌측의 객체로 그대로 복사해버리기 때문에 id까지 복사해서 나타난 결과이다. 따라서 할당 연산자 (=)에 대한 operator overloading이 필요하다는 것을 알 수 있다. 다음 절에 이 부분의 구현을 설명하겠다.

++ 연산자의 오버로딩 방법을 응용하여 -- 연산자 단항 연산자 오버로딩 등도 정의할 수 있을 것이다.

6.3 할당 연산자(assignment operator) overloading

클래스 멤버로서의 할당 연산을 위한 대입 연산자(할당 연산자)의 overloading에 대해 알아보자. 대입 연산자도 overloading을 통해서 새로운 사용자 정의 타입의 할당문을 자연스럽게 사용할 수 있다.

```
<lvlaue> = <rvalue> ;
```

위와 같은 할당문에서 = 연산자 좌측의 피연산자(lvaue)는 = 연산자 우측의 피연산자(rvalue)의 결과를 저장할 기억장소를 의미하게 된다. 기본 데이터 타입의 할당문은 우측의 값 <rvalue>을 좌측 <lvalue>로 그대로 복사하기만 하면 되지만, 경우에 따라서 좌측과 우측의 데이터 타입이 서로 다를 경우에는 <rvalue>를 <lvalue> 타입에 맞도록 변환하여 저장한다.

개별 클래스 멤버함수로 = 연산자 overloading 함수를 따로 정의해주지 않으면 기본적으로 제공되는 default = 연산자가 작동하여 단순 복사만 해준다. 그런데, <lvalue>

가 사용자가 정의한 클래스 타입일 경우 할당문은 단순 복사로는 충분하지 않을 수가 있다. 예를 들어, <lvalue>는 Time 타입의 변수인데 <rvalue>는 한 개의 정수값인 경우 이 정수값을 Time 클래스의 어느 멤버 변수에 할당해야 할지 정해주어야 한다. 특히, <lvalue> 멤버변수들 중에 포인터형이 있는 경우는, 데이터값 복사를 위한 기억장소 동적 할당부터 해야 하기에 우측의 객체의 멤버 변수 값을 좌측 객체의 멤버 변수로 단순복사로만 해서는 할당 연산이 제대로 수행되지 않을 수 있다. 따라서, 사용자 정의 데이터형에 대한 할당 연산자도 overloading을 통해서 모호한 부분이 없도록 해야 할 필요가 있다. 클래스 X를 위한 할당 연산자 정의는 다음과 같은 멤버 함수 overloading 선언이 필요하다.

```
X & operator= (X & <rvalue>) ;
```

<lvalue> = <rvalue>가 <lvalue>.operator=(<rvalue>)로 실행된다고 생각하면 된다. 즉 <lvalue>의 멤버함수로서 operaor= 함수가 <rvalue>를 인자로 하여 호출된다.

더불어, 위 operator= 함수 정의에서 return 값 타입이 reference 타입(X&)인 이유는 = 연산자를 다음과 같이 연이어 사용할 수 있도록 하기 위함이다.

```
a = b = c;    // a = ( b = c )
```

위 문장의 경우는 a = (b = c)와 같은데 연산자 우선순위에 의해서 b = c가 먼저 실행되고 그 결과가 다시 a로 할당된다. 그러기 위해서는 operator= 함수는 X 형 데이터를 return해주어야 한다. 그런데, 새로 X 클래스의 객체를 생성해서 return하기보다는 기존에 존재하는 X 클래스의 객체인 b의 reference를 return해주는 것이 더 낫다.

다음은 <rvalue>와 <lvalue>가 서로 다른 타입인 경우의 할당 연산이다.

```
X lvalue;
Y rvalue;
// rvalue에 초기값을 할당
// ...
lvalue = rvalue; // X 타입 = Y 타입을 위한 operator= 호출됨
```

lvalue는 X 클래스의 객체이고 rvalue는 Y 클래스의 객체이다. rvalue와 lvalue의

타입이 서로 다른 경우의 할당문을 위해서는 = 연산자 overloading 재정의가 추가되어야 한다. 아래와 같은 형태의 함수 정의가 필요하다.

X & operator= (Y & <rvalue>);

X가 Time 타입이고 Y가 int 타입일 경우, 다음과 같은 X의 멤버 함수정의가 필요하다.

Time & operator= (int);

앞서 Counter 클래스에서 = 연산자 overloading을 먼저 정의해보자. Counter 클래스의 경우 기존 객체값을 복사할 때 value의 멤버값은 <rvalue> 값을 그대로 <lvalue>에 복사하는 것이 맞지만 객체마다 고유하게 가지고 있어야 하는 id 멤버 값은 복사에서 제외해야 한다. 따라서 default = 연산자의 기능만으로는 충분하지 않고 따로 정의해주어야 한다. 아래 예시 코드에서는 <rvalue>와 <lvalue>가 모두 Counter 클래스 타입인 할당문 뿐 아니라 <rvalue>는 int 형인 경우에도 할당문이 실행될 수 있도록 두 가지 operator= 멤버 함수를 정의하였다.

```
static int gid = 0;
class Counter {
    int value;
    int id;
public:
    Counter(int v);     // constructor
    Counter(Counter& c); // copy constructor
    ~Counter(); // destructor
    Counter operator+ (Counter& opd); // + operaotr overloading
    Counter &operator++() { // prefix ++
            cout << "prefix++ called (value=" << value << ")" << endl;
            value++; return *this;
     }
    Counter &operator++(int) { // postfix ++
            cout << "post++ called(value=" << value << ")" << endl;
            value++; return *this;
```

```
    }
    Counter &operator=(Counter& rvalue) {
        cout << "=operator called for id=" << rvalue.id << " to
                                            id=" << id << endl;
        value = rvalue.value; return *this;
    }
    Counter& operator=(int v) {
        cout << "=operator called for int=" << v << " to id= "
                                              << id << endl;
        value = v; return *this;
    }
    void show() { cout << id << ":" << value << endl; }
};

int main() {
    Counter c1(100), c2(200);
    Counter c3, c4;

    ++c1;
    c3.show();
    c3 = ++c1;
    c3.show();
    c4.show();
    c4 = c2++;
    c4.show();
    c3 = c4 = 90;
    c3.show();
    c4.show();
    return 0;
}
```

다음은 상기 코드의 실행결과이다. 이전에 =로 인해서 id 멤버값까지 복사된 것과는 달리 value 멤버값만 복사된 것을 확인할 수 있다. main 함수 내의 할당문의 = 연산자 개수 만큼 operator= 함수가 호출된 것을 확인할 수 있다. 특히 c3= c4= 90의 예에서 c4= 90이 먼저 실행되고 c3에 대한 할당문이 실행된 것을 다음 출력 메시지에서 확인할 수 있다.

```
Constructor (0) value=100
Constructor (1) value=200
Constructor (2) value=-1
Constructor (3) value=-1
prefix++ called (value=100)
2:-1
prefix++ called (value=101)
=operator called for id=0 to id=2
2:102
3:-1
post++ called(value=200)
=operator called for id=1 to id=3
3:201
=operator called for int=90 to id= 3
=operator called for id=3 to id=2
2:90
3:90
Destructor (3) value=90
Destructor (2) value=90
Destructor (1) value=201
Destructor (0) value=102
```

만일에, X 클래스에 X& operator=(X&) 외에 X& operator= (int) 오버로딩도 정의되어 있고 X(int) 클래스 생성자와 X(X&) 복사 생성자가 모두 정의되어 있을 경우 아래와 같은 문장에서 어떤 함수가 호출될까?(직접 코딩으로 확인해보기 바랍니다)

```
X a = 3;
a = 4;
a = X(5);
```

클래스 멤버로서 할당 연산자를 정의할 때 추가적으로 주의할 사항은, rhs와 llhs가 동일한 객체일 경우이다. 이때는 아무것도 실행하지 않고 함수를 리턴하는 것이 맞다.

this가 객체 자신을 가리키는 포인터이므로 operator= 함수의 인자의 주소와 this가 같다면 그대로 return 시키면 된다. 아래는 이런 경우를 고려한 X 클래스의 operator= 멤버함수이다.

```
X X::&operator=(X& rvalue) {
        if (this == &rvalue)   return *this;
        else // this 객체에 인자로 받은 X클래스의 값을 복사
        return *this;
}
```

6.4 인덱스 연산자 [ ] overloading

또 다른 주요한 operator가 [ ] 연산자이다. 가령, 배열의 성격을 가진 멤버 변수를 가지는 클래스라면 클래스 내의 특정 데이터를 참조할 때 [ ] 연산자를 이용하는 것이 자연스럽게 보일 것이다. 배열의 원소가 int, float, char 등 기존 데이터 타입일 경우에 변수이름[배열인덱스] 의 형식으로 배열 내의 특정 값 하나를 불러내거나 배열의 기억장소를 지칭하듯이 사용자 정의 클래스의 객체에 객체명[배열인덱스]의 형식을 쓸 수 있게 하려는 것이다. 연산자 [ ]overloading이 이것을 가능하게 한다. 아래는 Array 클래스를 대상으로 하는 예시이다.

```
class Array {
private:
    int* p;
    int itsSize;
public:
    Array(int sz = 10): itsSize(sz) {
        p = new int[itsSize];
        for (int i = 0; i < itsSize; i++)
            p[i] = 0;
    }
    ~Array() {
```

```
        delete[] p;
        itsSize = 0;
    }
    int operator[] (int index) const;
    int &operator[] (int index);
};

int main() {
    Array intArry(5);

    try {
        for (int i = 0; i < 5; i++) {
            intArry[i] = 5-i;
        }
    }

    catch (xBoundary exception) {
        cout << "Error: Out of Boundary for Array" <<
                exception.errorNum() << endl;
    }

    cout << "Done !" << endl;

    for (int i = 0; i < 5; i++)
        cout << i << "-th Array:" << intArry[i] << endl;
}
```

위 예시에서 주의 깊게 봐야할 부분은 아래 두 개 연산자 오버로딩을 구분하는 것이다.

```
(1) int Array::operaotor[] (int index)
(2) int & Array::operator[](int index) const
```

(1)은 다음과 같이 배열의 한 원소의 값을 읽어오기 위한 [ ]연산자 overloading이다.

```
value = array[ index]
```

(2)는 다음과 같이 배열의 원소의 기억장소를 지정하기 위한 용도의 [ ]연산자 overloading이다. 즉, = 연산자의 LSH로 사용되기 위함이다.

```
array [index] = value;
```

다음은 위 코드의 실행결과이다.

```
0-th Array:0
1-th Array:1
2-th Array:2
3-th Array:3
4-th Array:4
```

상속 07 CHAPTER

7.1 클래스 파생

C++이 객체지향언어로서 가지는 핵심적 특징 중의 하나는 상속(inheritance)이다. 하나의 클래스를 정의할 때 기존의 클래스에서 정의된 멤버들을 그대로 계승하면서 추가적으로 필요한 멤버들만 보태어 새로운 클래스를 정의하는 기법을 상속이라고 부른다. 객체지향 프로그래밍이 유용한 것 중 한 가지 이유가 이 상속 기능 때문이다. 이때 기존 클래스를 부모클래스 또는 베이스 클래스(base class)라고 하고 새로운 클래스를 자식 클래스 또는 파생 클래스(derived class)라고 한다. "자식 클래스는 부모 클래스를 상속한다(derived class inherits from base class)" 또는 "파생클래스는 베이스클래스로부터 상속받는다"라고 표현한다. 이 둘의 관계를 is-a relation이라고 부르기도 한다. "A is-a B" 관계라는 것은 A가 B의 한 종류이다 또는 A라는 개념이 B라는 개념에 포함된다는 뜻이고, 이때 A가 자식 클래스(파생클래스)이고 B가 부모 클래스(베이스클래스)가 된다. 이 두 클래스 간의 관계를 아래 그림으로 나타낼 수 있다.

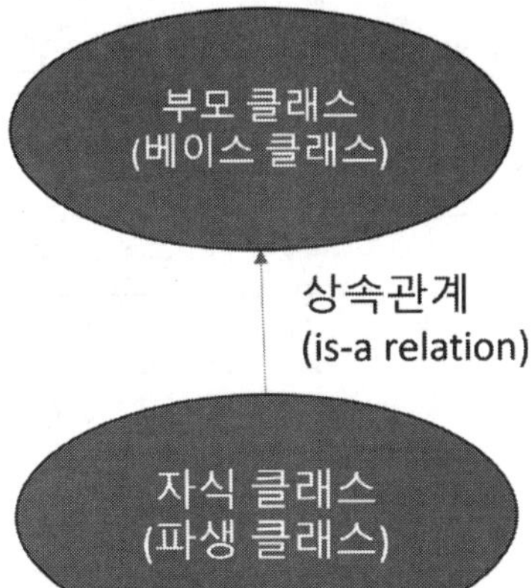

자식클래스의 정의시에 부모클래스에서 상속받은 멤버 외에 새로운 멤버들을 추가할 수 있고, 부모 클래스에서 정의된 멤버 함수들을 overriding할 수도 있기 때문에 자식 클래스는 부모 클래스에 비해서 표현력, 정보력이 더 크게 되어 부모클래스의 개념을 확장할 수 있다.

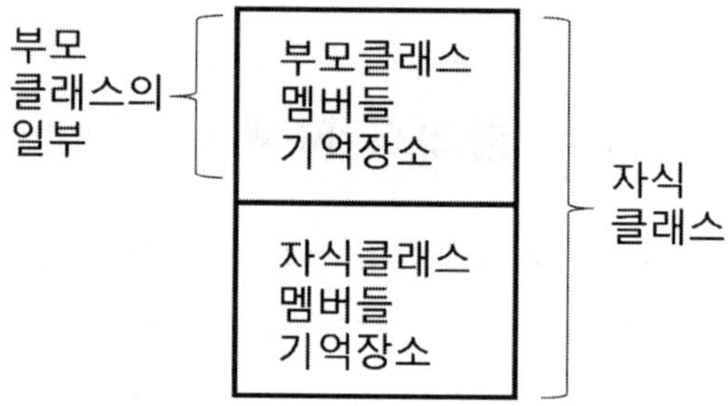

자식 클래스는 부모 클래스로부터 멤버들을 물려받아 기능이 확장되는데 자식 클래스의 객체가 생성될 때 부모 클래스(베이스 클래스)로부터 물려받은 멤버들의 기억장소를 부모 클래스의 생성자가 만들고 이어서 자식 클래스(파생 클래스)를 위한 멤버들을 위한 기억장소를 추가로 만든다.

부모클래스의 멤버들을 무조건 상속받는 것이 아니라 멤버들 중 access specifier의 종류에 따라 상속여부가 달라진다. access specifier는 private, protected, public의 3가지가 있다. private과 protected는 모두 외부의 객체가 직접적 접근을 할 수 없는 멤버들이고 public은 어느 객체이거나 직접적 접근이 허용된다. 상속 관계에 있는 자식 클래스에 대해서는 protected는 자식 클래스가 접근할 수 있다. 즉, 부모 클래스 멤버들 중 private인 멤버들은 제외하고 자식 클래스가 상속받는다. 자식 클래스는 자신의 멤버와 부모로부터 상속받은 public 및 protected 멤버들을 가지게 된다. 이러한 access specifier에 따른 접근 관계를 아래 표에 정리하였다.

access specifier	외부 객체의 직접적 접근 허용 여부	자식 클래스 객체 접근 허용 여부
private	X	X
protected	X	O
public	O	O

이러한 클래스 상속 기능을 이용하면 여러 클래스에서 공통적인 부분은 부모 클래스에 정의하고 이를 상속받는 자식 클래스는 부모클래스와 다른 부분만 추가적으로

정의해주면 되기 때문에 프로그램의 설계와 구현이 간편해지며 코드 재사용성이 높아지는 장점이 있다.

클래스 Base 부모 클래스를 상속해서 자식 클래스 Derived를 만들 때 사용하는 문법적 구조는 다음과 같다.

```
class Base {
  // class Base의 멤버 선언 : private, protected, public
};

class Derived : public Base {
  // class Derived에 더 필요한 추가의 멤버 선언 : private, protected,
public
};
```

위 상속 예시에서 public이란 access_specifier를 클래스 이름 뒤에 사용하여 class Base의 모든 public 멤버들을 class Derived의 public으로 상속받는다는 표시를 했다. 이를 public inheritance라고 한다.

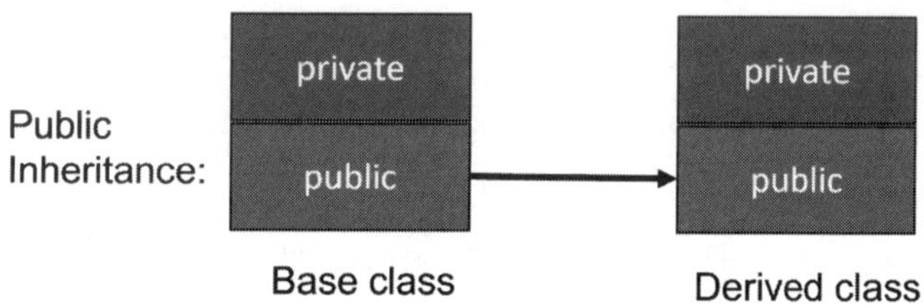


```
Derived obj;
obj.x = 1;
```

위 문장에서 객체 obj의 멤버로서 외부에서 접근 가능한 x는 Derived 클래스의 protected와 public 그리고 Base 클래스의 public 멤버들이다. 참고로, Derived 클래스의 멤버 함수 내에서 접근 가능한 Base 클래스의 멤버는 Base의 public 외에 protected 멤버도 가능하다.

한편, class Base의 public을 class Derived에서 상속을 받되, 파생 클래스에서는 private으로 취급하도록 하는 상속 방법이 있다. 클래스 정의에서 클래스 이름 뒤의

access specifier를 private으로 바꾸어주면 된다. 이 상속 방법을 private inheritance라고 한다.

```
class Derived : private Base {
  // class C에 더 필요한 추가의 멤버 선언

} ;
```

이를 그림으로 도식화하면 아래와 같다.

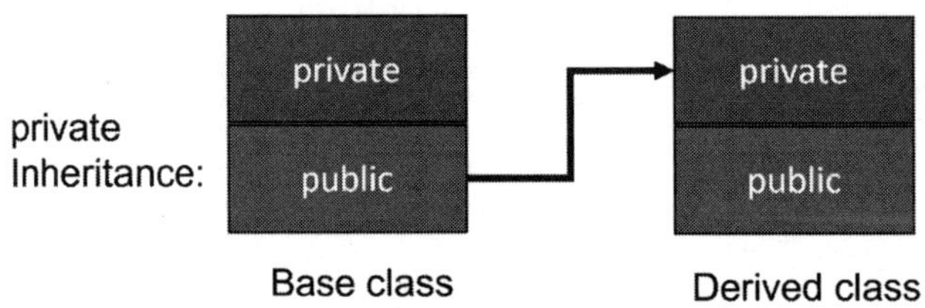

정리하자면, 클래스 P와 C가 상속관계에 있을 때, 자식 클래스 C의 멤버 함수에서는 부모 클래스 P의 멤버들 (단, P의 private 멤버들은 제외하고)을 마치 C 클래스에서 선언된 멤버인 것처럼 접근이 가능하다. 그런데, 자식클래스 C의 객체의 멤버를 외부에서 접근할 경우에는 public inheritance인지, private inheritance인지에 따라 접근 가능한 P의 멤버가 달라진다는 뜻이다.

즉, public inheritance에서는 Base class의 public 멤버를 dervied 클래스에서 public으로 선언된 것처럼 사용할 수 있으나, private inheritance에서는 Base 클래스의 public 멤버를 derived 클래스에서는 private으로 상속하게 됨에 따라 Derived 클래스의 객체 외부에서는 Base 클래스 멤버들을 직접적으로는 접근할 수 없게 된다.

다음은 Base 클래스를 public으로 상속하여 Derived 클래스를 만든 예시 코드이다.

```
class Base {
private:
    int a0;
protected:
    int b0;
public:
```

```
    int c0;
};

class Derived : public Base {
private:
    int a1;
protected:
    int b1;
    int f1() {
      // f1함수 정의
    }
public:
    int c1;
    int g1() {
        // g1 함수 정의
    }
};

main()
{
    Derived obj;

    obj.c1 = 1;
    obj.c0 = 2;
    //obj.b0 = 3;
    obj.g1();
}
```

위와 같이 Derived class가 public inheritance 관계로 정의되었을 때, 위 코드의 각 함수 내에서 접근 가능한 멤버들을 열거해보자. Derived class의 f1( ) 및 g1( ) 멤버함수 내부에서는 Base 클래스의 protected와 public 멤버를 접근할 수 있지만, Base 클래스의 private 멤버는 접근할 수가 없다. 즉, 아래와 같은 코드는 문법 오류가 발생된다.

```
a1 = a0 + b0;
```

public inheritance에서 이러한 접근 가능성을 표로 정리하였다.

	접근 가능	접근 불가
f1() 멤버 함수 내에서	b0, c0, a1, b1, c1, f1(), g1()	a0
g1() 멤버 함수 내에서	b0, c0, a1, b1, c1, f1(), g1()	a0
main() 함수에서	obj.c0, obj.c1, obj.g1()	obj.a0, obj.b0, obj.b1, obj.a1, obj.f1()

위의 예시에서 Derived 클래스 상속을 private inheritance로 변경하려면 아래와 같이 코드를 수정하면 된다.

```
class Derived : private Base {
  // 이전과 동일
};
```

이렇게 하면, Derived 클래스 내부 멤버들이 Base 클래스 멤버들을 접근하는 가능 범위는 변함이 없으나 외부에서 Derived 객체를 통해서 Base 클래스의 멤버들을 접근할 수 없게 된다. private inheritance에서의 접근 가능 범위를 아래 표로 정리하였다.

	접근 가능	접근 불가
f1() 멤버 함수 내에서	b0, c0, a1, b1, c1, f1(), g1()	a0
g1() 멤버 함수 내에서	b0, c0, a1, b1, c1, f1(), g1()	a0
main() 함수에서	obj.c1, obj.g1()	obj.a0, obj.b0, obj.c0, obj.b1, obj.a1, obj.f1()

A라는 클래스를 B가 상속받고 B를 C가 상속받을 때에도 동일한 방식의 관계가 성립한다.

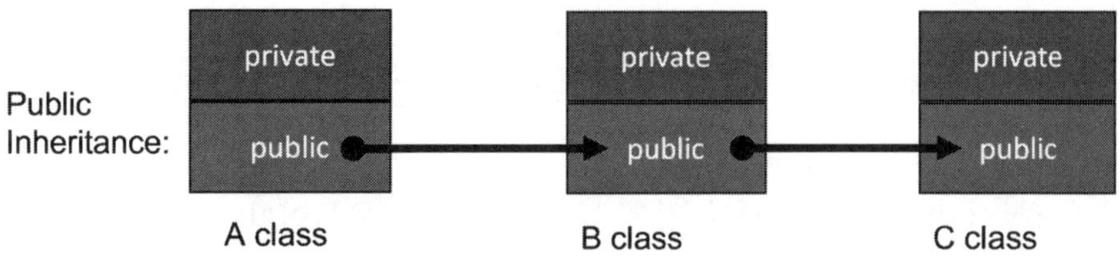


```
C obj;
```

위와 같이 obj 객체가 선언되어 있다고 할 때 아래 표와 같이 정리 가능하다.

	접근 가능	접근 불가
B클래스 멤버함수에서	A의 public, A의 protected 멤버, B의 모든 멤버	A의 private 멤버
C클래스 멤버함수에서	A의 public, B의 public, B의 protected, C의 모든 멤버	A의 private, A의 protected, B의 private 멤버
클래스 외부에서 obj.x 형태로 쓸 때 x에 가능한 것	A의 public, B의 public, C의 public	A의 private, A의 protected, B의 private, B의 protected, C의 private, C의 protected

앞장의 Counter 객체를 상속받아 CountDown 객체를 만들어보자. CountDown 클래스에는 go( ), set(start), is_zero( )이란 public 멤버함수가 더 필요하다. go( )를 호출할 때마다 값이 1씩 감소, set( )을 호출할 때 카운터 값을 지정된 값으로 초기화하고, bool is_zero( )는 카운터값이 0에 도달하여 카운트를 정지해야 하는지 확인한다. CountDown 클래스는 대부분 기능은 Counter를 상속받고 새로 추가될 기능들은 자식 클래스인 CountDown 클래스에 추가로 정의하면 된다.

7.2 상속에서 생성자 및 소멸자

객체가 생성되거나 소멸하면 생성자와 소멸자가 자동적으로 실행된다. 두 클래스가 상속관계에 있을 때, 파생 클래스의 객체를 생성하게 되면 자동적으로 베이스 클래스의 (복사)생성자를 먼저 호출하고 파생 클래스의 (복사)생성자를 이어서 호출한다. 파생 클래스의 객체가 소멸될 때는, 역순으로 파생 클래스의 소멸자가 먼저 호출되고 베이스 클래스의 소멸자가 뒤에 호출된다.

그런데, (복사)생성자에 인자가 있을 경우, 그 생성자의 인자 전달을 파생 클래스의 생성자가 호출되기 전에 베이스 클래스의 생성자에 전달할 필요가 있을 경우, 아래와 같이 생성자 함수 정의시 함수 프로토타입 뒤에 ": 베이스 클래스명 (인자)" 형식을 붙여 베이스 클래스 생성자의 실행에 필요한 인자를 제공한다.

```
class Derived : public Base {
 private:
     // private members
 public:
    Derived (parameters) : Base (parameters);
     // other members
 }
```

다음은 Animal 클래스의 상속을 받은 Dog 클래스의 생성자 및 소멸자의 정의를 보여주고 있다. 이 예제에서 Dog 클래스 생성자는 Dog(int age, string thename) 형식과 Dog(int age, int weight) 형식의 두 가지가 있다. Dog 클래스 생성자의 실행 전에 Animal 클래스 생성자가 먼저 실행되어야 하는데 Animal 클래스 생성자에 필요한 인자를 전달하는 방법을 Animal (age)로 보여주고 있다.

```
class Animal  {
protected:
    int age;
public:
    Animal(int age = 1) {
        cout << ">>>Animal created (age=" << age << ")" << endl;
        this->age = age;
    }
    ~Animal() {
        cout << ">>>Animal Died (age=" << age << ")" << endl;
```

```
    }
    void move(int distance= 1) {
        cout << ">>>Animal move dist=" << distance << endl;
    }
};

class Dog : public Animal {
private:
    int weight;
    string name;
public:
    Dog(int age, string thename): Animal(age) {
        weight = 5;
        name = thename;
        cout << name << " Dog created (age=" << age << ")" << endl;
    }
    Dog(int age, int weight) : Animal(age), weight(weight) {
        name = "NoName";
        cout << name << " Dog created (age=" << age << ",
                        weight=" << weight << ")" << endl;
    }
    ~Dog() {
        cout << name << " Dog Died (age=" << age << ", weight="
                        << weight << ")" <<endl;
    }
};

int main() {
    Dog merry(5, "Merry");
    Dog joe(10, 150);

    joe.move(20);
    merry.move();
}
```

상기 main( ) 함수에서 merry(5,"Merry") 객체 선언에 의해서 Dog(5, "Merry") 생성자가 호출되는데, 이 생성자의 실행에 앞서서 Animal (5) 생성자가 먼저 실행된다. Animal 생성자 내의 this->age = age 문장에서 this->age는 Animal 클래스의 멤버이며 age는 Animal 생성자의 인자를 의미한다. 이와 같이 멤버 함수의 인자와 멤버 변수의 이름이 같을 경우 이 둘을 구분하기 위해서 멤버 변수는 this 포인터를 이용하여 표기하기도 한다.

joe(10,150)의 객체 선언에 의해서는 Dog(10,150) 생성자가 호출되는데, 이 생성자의 실행에 앞서 Animal(10) 생성자가 먼저 실행되고 이어서 weight(weight)에 의해서 Dog 클래스의 weight 멤버 값이 150으로 설정된다.

아래는 위 프로그램의 실행결과를 보여주고 있다. Animal 생성자가 호출되고 나서 Dog 생성자가 호출되는 것을 확인할 수 있다. 또한, Dog 소멸자가 호출되고 나서 Animal 소멸자가 호출되는 것도 확인이 된다.

```
>>>Animal created (age=5)
Merry Dog created (age=5)
>>>Animal created (age=10)
NoName Dog created (age=10, weight=150)
>>>Animal move dist=20
>>>Animal move dist=1
NoName Dog Died (age=10, weight=150)
>>>Animal Died (age=10)
Merry Dog Died (age=5, weight=5)
>>>Animal Died (age=5)
```

파생클래스의 생성자 및 소멸자가 호출되면 베이스 클래스의 생성자 및 소멸자가 자동으로 호출되듯이, 파생 클래스의 복사 생성자가 호출되면 베이스 클래스의 복사 생성자가 먼저 호출되는지 확인해보자. Animal의 public member에 아래 복사 생성자를 추가한다.

```
Animal(Animal& rhs) : age(rhs.age) {
    cout << "Animal copy constructor" << endl;
}
```

다음으로 Dog 클래스의 public member에 아래 복사 생성자를 추가한다. Dog 생성자가 Animal 생성자로 전달했듯이, Dog 복사 생성자의 인자를 Animal 복사 생성자에 먼저 전달한다.

```
Dog(Dog& rhs): Animal (rhs) {
    cout << "Dog copy constructor" << endl;
}
```

다음 main 함수를 통해서 복사 생성자의 동작을 테스트해본다.

```
int main() {
    Dog mydog(5, "Herry");
    Dog mydog2(mydog);
    mydog2.move(10);
}
```

다음은 위의 실행 결과이다. 첫 두줄은 mydog(5,“Herry”)에 의한 Animal과 Dog 클래스의 생성자의 출력이다. 다음 두줄 출력은 mydog2(mydog)에 의한 Animal과 Dog 클래스의 복사 생성자의 출력이다.

```
Animal created (age=5)
Herry Dog created (age=5)
Animal copy constructor
Dog copy constructor
Dog moves by dist=10
```

08 CHAPTER 멤버 함수 Overriding

베이스 클래스에 정의된 멤버 함수와 동일한 이름을 가진 동일한 타입의 멤버 함수가 파생클래스에 정의되어 있을 경우, 파생 클래스의 멤버 함수가 베이스 클래스의 멤버 함수를 오버라이딩(overriding)한다고 말한다. 함수 overriding이 일어나기 위해서는 베이스 클래스의 함수와 파생클래스의 함수가 함수 이름, 함수 return 타입, 함수 인자의 개수와 타입이 정확히 서로 일치해야 한다. 함수 overriding이 되어 있을 경우 파생 클래스의 객체에서는 파생클래스에서 정의된 함수가 호출된다. 함수 overriding에 의해서 베이스 클래스의 function hiding (은닉) 효과가 발생한다.

그러나, <클래스이름>::<함수명>의 형식을 통해서 Overring되어 가려진 베이스 클래스의 멤버 함수라 하더라도 불러낼 수도 있다.

예를 들어, Animal 클래스가 베이스 클래스이고 Dog 클래스가 파생 클래스라고 하자. 양 클래스에 move( )라는 메소드가 모두 정의되어 있을 경우, Dog 객체에서 move를 호출하면 Anmial 클래스의 move는 무시되고 Dog 클래스의 move가 호출된다.

```
class Animal  {

public:
    void move() {
        cout << "Animal move" << endl;
    }
};

class Dog : public Animal {

public:
    void move() {
        cout << "Dog walk" << endl;
    }
```

```
};

int main() {
    Animal pet;
    Dog merry;

    pet.move();
    merry.move();

}
```

다음은 위 프로그램의 출력이다. 첫 줄은 pet.move( )에 의한 것이고 그 다음 줄 출력은 Dog 클래스 객체의 move 함수 호출에 의한 것이다.

```
Animal move
Dog walk
```

만약에 Animal 클래스에서 move 멤버 함수를 2가지 방식으로 overloading하고 있다고 가정하자.

```
void move(int distance ) {
    cout << "Animal move dist = " << distance << endl;
}

void move() {
    cout << "Animal move one step" << endl;
}
```

위와 같이 Animal의 move가 move(int)와 move( )로 overloading되어 있을 때, Animal을 상속한 Dog 클래스에서 move(int) 멤버 함수를 overriding하고 있다면 Animal 클래스의 move( ) 함수를 Dog 객체에서는 호출할 수 없다. 그럼에도 불구하고 Animal 클래스의 move( ) 멤버 함수를 불러내어야 하는 상황이라면 호출하는 함수 이름 앞에 명시적으로 :: 연산자로 scope를 지정하면 가능하다.

```
class Animal {
protected:
    int age;
public:
    Animal(int age =1)  : age(age){ cout << "Animal created
                            (age="<< age <<")" << endl; }
    ~Animal() { cout << "Animal Died (age=" << age << ")" << endl; }

    void move(int distance ) {
        cout << "Animal move dist = " << distance << endl;
    }
    void move() {
        cout << "Animal move one step" << endl;
    }
};

class Dog : public Animal {
private:
    int weight;
    string name;
public:
    Dog(int age, string thename) : Animal(age), weight(5), name(thename) {
        cout << name << " Dog created (age=" << age << ")" << endl;
    }

    ~Dog() {
        cout << name << " Dog Died (age=" << age << ", weight="
                          << weight << ")" << endl;
    }
    void move(int d) {
        cout << "In Dog move ....";
        Animal::move(d);
    }
};
```

```
int main() {
    Dog merry(3, "Merry");

    merry.move(5); // Dog 클래스의 move(int) 함수 실행
    merry.Animal::move(); // Animal 클래스의 move() 함수 실행
}
```

위의 Dog 클래스 생성자 정의에서 weight(5), name(thename)의 표기는 weight = 5; name = thename;이라는 멤버 변수 값을 초기화하는 두 개의 문장을 생성자 본문에 쓴 것과 동일한 의미이다. 즉, 생성자 정의에서 멤버 변수값을 초기화하는 방법은 명시적인 할당문을 쓰는 방법 외에도 멤버이름(멤버값) 의 표기로 가능하다.

다음은 위 프로그램의 실행 결과이다. 두 가지 버전으로 overloading되어 있는 Animal의 move 함수를 Dog 클래스의 객체가 호출할 수 있는 것을 보여주고 있다. 아래 출력의 첫 두줄은 merry(3, “Merry”)를 위한 생성자의 출력이고 그 다음 줄은 merry.move(5)의 출력인데, “In Dog move ...”는 Dog 클래스의 mov(int)의 첫줄 출력이고 “Animal move dist = 5”는 Animal 클래스의 move(int)의 출력이다. 그 다음 줄의 “Animal move one step” 출력은 merry.Animal::move( )에 의한 Animal의 move( ) 함수 출력이다.

```
Animal created (age=3)
Merry Dog created (age=3)
In Dog move ....Animal move dist = 5
Animal move one step
Merry Dog Died (age=3, weight=5)
Animal Died (age=3)
```

09 CHAPTER 가상 함수

9.1 가상함수 정의 및 용법

Animal 클래스를 상속한 Dog 클래스의 앞 장 예시에서 Animal 클래스형의 포인터가 Dog 클래스의 객체를 가리키는 경우를 생각해보자. 이 포인터를 이용해서 Dog 클래스의 move 함수를 호출하게 하고자 한다.

```
Animal *p = new Dog(3, "Merry");
p->move(10);
```

우리의 의도는 Dog의 move함수가 실행되는 것이지만, 실제 실행결과는 Animal의 move 함수가 실행된 결과가 다음과 같이 출력된다.

```
Animal created (age=5)
Merry Dog created (age=5)
Animal move dist = 10
```

p는 Animal을 가리키는 포인터이지만 Dog 클래스가 Animal 클래스의 파생 클래스이므로 문법적으로 가능하다. 그러나, p->move(10)에 의해서 Animal 클래스의 move 함수가 실행되어 의도대로 되지는 않는다. 이때는 Animal 클래스의 move 멤버 함수를 virtual 함수로 정의함으로써 해결이 가능하다. 베이스 클래스 멤버 함수 정의에서 함수 타입 앞에 virtual하는 키워드를 추가하면 virtual(가상) 함수가 된다. 가상함수로 선언한다는 뜻은 그 함수가 파생 클래스에서 overriding될 것이므로 베이스 클래스의 포인터를 이용한 접근일 때 파생클래스에서 멤버 함수를 찾으라는 뜻이다. 아래와 같이 가상 함수를 선언한다.

```
virtual <return-type> <function-name> ( <function-args> )
```

가상함수로 선언된 멤버 함수는 베이스 클래스와 파생 클래스 모두에서 같은 타입으로 정의되어야 베이스 클래스의 포인터를 통하여 베이스클래스가 아닌 파생클래스의 멤버 함수가 호출된다. 아래 코드에서 Animal 클래스의 2개의 move 멤버 중 void move( ) 함수는 그대로 두고 void move(int) 함수를 가상함수로 선언하였다.

```
class Animal {
protected:
    int age;
public:
    Animal(int age =1) : age(age){
        cout << "Animal created (age="<< age <<")" << endl;
    }
    virtual void move(int distance ) {
        cout << "Animal move dist = " << distance << endl;
    }
    void move() {
        cout << "Animal move one step" << endl;
    }
};

class Dog : public Animal {
private:
    int weight;
    string name;
public:
    Dog(int age, string thename) : Animal(age), weight(5),
                                   name(thename) {
        cout << name << " Dog created (age=" << age << ")" << endl;
    }
    void move(int d) {
        cout << "In Dog move ....";
        Animal::move(d);
    }
};
```

```
int main() {
    Animal* p = new Dog(5, "Merry");
    p->move(10);
    p->move();
}
```

다음은 위 프로그램의 실행 결과 출력이다. 첫 두줄은 new Dog(5, “Merry”)에 의한 Animal과 Dog 생성자의 출력이다. 3번째 줄은 p->move(10)에 의해서 Dog의 move(int) 함수가 실행된 결과이다. 마지막 줄은 p->move( )에 의해서 Animal의 move( ) 함수가 실행된 결과이다.

```
Animal created (age=5)
Merry Dog created (age=5)
In Dog move ....Animal move dist = 10
Animal move one step
```

한편, 가상 함수는 포인터 및 참조자에 한해서만 작용한다. 객체 값 자체를 복사하면 가상함수는 호출되지 않는다. 이러한 의미를 아래 프로그램 예시로 확인해보자. 함수의 인자로 Dog 클래스의 객체를 가리키는 Animal 클래스의 포인터를 만들고, 포인터, 참조자, 객체의 값 자체를 차례로 함수의 인자로 넘겨졌을 때에 베이스 클래스의 가상함수가 의도대로 호출되는지 확인해보고자 한다.

```
class Animal {
protected:
    int age;
public:
    Animal(int age =1) : age(age){
        cout << "Animal created (age=" << age <<")" << endl;
    }
    virtual void move(int distance ) {
        cout << " Animal moves dist = " << distance << endl;
    }
    void move() {
        cout << " Animal moves one step" << endl;
```

```
    }
};

class Dog : public Animal {
private:
    int weight;
    string name;
public:
    Dog(int age, string thename) : Animal(age), weight(5),
                                   name(thename) {
        cout << name << " Dog created (age=" << age << ")" << endl;
    }
    void move(int d) {
        cout << " Dog moves by dist=" << d << endl;
    }
};

void PtrMoves(Animal* p) {
    p->move(10);
}
void ValueMoves(Animal p) {
    p.move(10);
}

void RefMoves(Animal& p) {
    p.move(10);
}

int main() {
  Animal* ptr = new Dog(5, "Merry");

  PtrMoves(ptr);
  RefMoves(*ptr);
  ValueMoves(*ptr);
  delete ptr;
}
```

다음은 위 프로그램의 실행결과이다. 첫 두줄은 new Dog(5, “Merry”) 생성자에 의해서 출력된 것이다. 그 다음 두 줄은 PtrMove(ptr) 함수에 의한 출력인데, Dog 클래스 객체의 move 함수가 실행된 것을 보여준다. 그러나, 마지막 줄은 Animal 클래스의 move (int) 함수가 실행된 결과이다. 즉, 객체의 포인터가 아닌 객체 자체의 값으로는 가상함수의 효과를 거둘 수가 없다.

```
Animal created (age=5)
Merry Dog created (age=5)
 Dog moves by dist=10
 Dog moves by dist=10
 Animal moves dist = 10
```

9.2 가상 소멸자

이제 베이스클래스에 대한 포인터가 파생클래스 객체를 가리킬 때, 이 포인터를 통한 delete 연산에서 소멸자가 적절히 호출되는지 알아보자. 위 프로그램에서 delete ptr 문장에 의해서 Dog 객체의 소멸자가 호출되고 나서 Animal 객체의 소멸자가 순차적으로 호출되기를 기대할 것이다. 왜냐하면 ptr이 Dog 객체를 가리키므로 Dog가 소멸되려면 Dog->Animal 순으로 소멸자가 불리는 것이 맞기 때문이다. 확인을 위해서 다음 코드를 실행해보자.

```
class Animal {
protected:
    int age;
public:
    Animal(int age =1) : age(age){
        cout << "Animal created (age=" << age <<")" << endl;
    }
    ~Animal() { cout << " Animal Destructor" << endl; }
    virtual void move(int distance ) {
        cout << " Animal moves dist = " << distance << endl;
```

```
    }
};

class Dog : public Animal {
private:
    int weight;
    string name;
public:
    Dog(int age, string thename) : Animal(age), weight(5),
                                    name(thename) {
        cout << name << " Dog created (age=" << age << ")" << endl;
    }
    ~Dog() { cout << "Dog Destructor" << endl; }
    void move(int d) {
        cout << "Dog moves by dist=" << d << endl;
    }
};

int main() {

    Animal* ptr = new Dog(5, "Merry");
    ptr->move(5);
    delete ptr;
}
```

위 프로그램의 출력은 다음과 같다. 출력을 보면 우리의 기대와는 달리 Animal 소멸자만 호출되고 Dog 소멸자는 호출되지 않았다.

```
Animal created (age=5)
Merry Dog created (age=5)
Dog moves by dist=5
Animal Destructor
```

이를 해결하려면 Animal의 소멸자를 virtual 키워드를 사용해서 가상함수로 선언해 주면 된다. 위 프로그램에서 Animal 클래스의 소멸자만 아래와 같이 수정해서 다시 실행시켜보자.

```
virtual ~Animal() { cout << " Animal Destructor" << endl; }
```

아래는 위의 수정 후 실행 결과 출력이다. Animal의 소멸자를 virtual로 선언한 결과, Dog의 소멸자가 먼저 호출되고 나서 Animal의 소멸자가 생성된 것을 확인할 수 있다.

```
Animal created (age=5)
Merry Dog created (age=5)
Dog moves by dist=5
Dog Destructor
Animal Destructor
```

즉, 멤버 함수를 가상함수로 정의해서 클래스 간의 상속관계를 이용할 경우 소멸자도 가상함수로 선언할 필요가 있다는 것을 알 수 있다.

9.3 복사 생성자 대체 가상 함수

(주의) **생성자는 가상함수로 정의가 되지 않는다. 따라서, 복사생성자도 가상함수로 선언할 수가 없다.** 그런데, 베이스 클래스 포인터가 가리키는 파생 클래스의 객체를 복제해야 할 필요성이 가끔 있을 수 있는데, 이 경우에는 복제를 위한 별도의 가상 함수를 만들어서 문제를 풀어야 한다(예: Clone 함수). 아래에는 Clone 가상 함수 정의를 Animal 클래스에 추가한 버전이다. 복사생성자 자체가 가상함수로 정의할 수 없기 때문에, 복사 생성자를 호출해주는 함수 Clone을 가상으로 정의하자는 뜻이다.

```
class Animal {
protected:
    int age;
public:
    Animal(int age =1) : age(age){
        cout << "Animal created (age=" << age <<")" << endl;
    }
```

```
    Animal(Animal& rhs) : age(rhs.age) {
        cout << "Animal copy constructor" << endl;
    }
    virtual ~Animal() { cout << " Animal Destructor" << endl; }
    virtual Animal* Clone() {
        cout << "Animal Cloning" <<endl;
        return new Animal(*this);
    }
    virtual void move(int distance ) {
        cout << " Animal moves dist = " << distance << endl;
    }
    void move() {
        cout << " Animal moves one step" << endl;
    }
};

class Dog : public Animal {
private:
    int weight;
    string name;
public:
    Dog(int age, string thename) : Animal(age), weight(5), name(thename) {
        cout << name << " Dog created (age=" << age << ")" << endl;
    }
    Dog(Dog& rhs): Animal (rhs) {
        cout << "Dog copy constructor" << endl;
    }
    ~Dog() { cout << "Dog Destructor" << endl; }
    virtual Animal* Clone() {
        cout << "Dog Clone" << endl;
        return new Dog(*this);
    }
    void move(int d) {
        cout << "Dog moves by dist=" << d << endl;
```

```
    }
};

int main() {
    Animal* ptr1, * ptr2;
    ptr1 = new Dog(5, "Merry");
    ptr2 = ptr1->Clone();
    ptr1->move(5);
    delete ptr1;
    delete ptr2;
}
```

위 프로그램에 의한 출력 메시지는 다음과 같다. Animal 포인터에 의한 가상함수 Clone( ) 함수 호출에 의해서 Dog의 Clone이 호출된다.

```
Animal created (age=5)
Merry Dog created (age=5)
Dog Clone
Animal copy constructor
Dog copy constructor
Dog moves by dist=5
Dog Destructor
 Animal Destructor
Dog Destructor
 Animal Destructor
Dog Destructor
 Animal Destructor
```

Dog Clone 출력 뒤에는 Animal 복사 생성자와 Dog 복사 생성자가 차례대로 호출된 것을 확인할 수 있다. 즉, 다음 순서대로 함수 호출이 된 것이다.

Animal 클래스 포인터를 통해 가상함수 Clone 함수 호출 → Dog 클래스의 Clone 호출 → Dog 클래스의 복사 생성자 인위적 호출 → Animal 클래스의 복사 생성자 호출

9.4 순수 가상함수

가상함수 중에서 베이스 클래스에서는 함수 원형만 선언하고 함수의 내용을 정의하지 않는 경우가 있다. 이 가상함수의 내용은 파생클래스에서 반드시 정의해야 한다. 이 가상함수를 순수 가상함수라고 부른다. 순수 가상함수를 가진 클래스는 반드시 상속을 시켜서 파생클래스를 만들어서 프로그램에 사용되어야 한다. 가상함수를 가진 베이스 클래스는 추상적이고 공통적인 개념만 정의하고 개념을 구현하는 것은 이를 상속받은 파생클래스에 맡기는 프로그램 설계 방식이다.

순수 가상함수는 베이스 클래스에 다음과 같은 형식으로 정의한다.

```
virtual <return-type> <function-name> ( <arguments> ) = 0 ;
```

다음은 순수 가상함수를 가지는 예시 코드이다. shape 클래스를 상속하여 rectangle과 triangle 클래스를 파생시켰다. 여기에 get_area( )라는 함수를 순수 가상함수로 만들어 쓴다.

```
#include <iostream>
using namespace std;

class shape {
protected:
    int width, height;
public:
    shape(int a, int b) : width(a), height(b) {
        cout << "shape construction" << endl;
    }
    virtual ~shape() {
        cout << "virtual shape destructor" << endl;
    }
    virtual float get_area() = 0;
};

class rectangle : public shape {
```

```
public:
    rectangle(int a, int b) : shape(a, b) {
        cout << "rectangle constructor" << endl;
    }
    ~rectangle() { cout<<  "rectangle destructor" << endl; }
    float get_area() { return width * height; }
};

class triangle : public shape {
public:
    triangle(int a, int b) : shape(a, b) {
        cout << " triangle construction" << endl;
    }
    ~triangle() { cout << "triangle destructor" << endl; }
    float get_area() { return width * height * 0.5; }
};

int main() {
    shape* sp;

    sp = new rectangle(20, 30);
    cout << sp->get_area() << endl;
    delete sp;

    sp = new triangle(10, 30);
    cout << sp->get_area() << endl;
    delete sp;
}
```

다음은 위 프로그램의 출력이다. rectangle 객체가 new로 만들어질 때는 shape 생성자와 rectangle 생성자가 차례대로 호출되고, delete로 소멸될 때는 역순으로 rectangle 소멸자와 shape 소멸자가 순서대로 호출되는 것을 알 수 있다. 또한, 순수 가상함수인 get_area( ) 함수를 호출하니 rectangle 클래스에 정의된 get_area 멤버 함수가 제대로 실행되는 것을 확인할 수 있다.

```
shape construction
rectangle constructor
600
rectangle destructor
virtual shape destructor
shape construction
 triangle construction
150
triangle destructor
virtual shape destructor
```

10 CHAPTER 다중 상속

하나의 클래스가 두 개 이상의 부모 클래스로부터 상속받아서 만들어질 경우 이를 **다중 상속**(multiple inheritance)이라고 한다. 자식 클래스가 부모클래스1과 부모클래스2로부터 상속을 받는다면 아래와 같이 관계를 그림으로 표시한다.

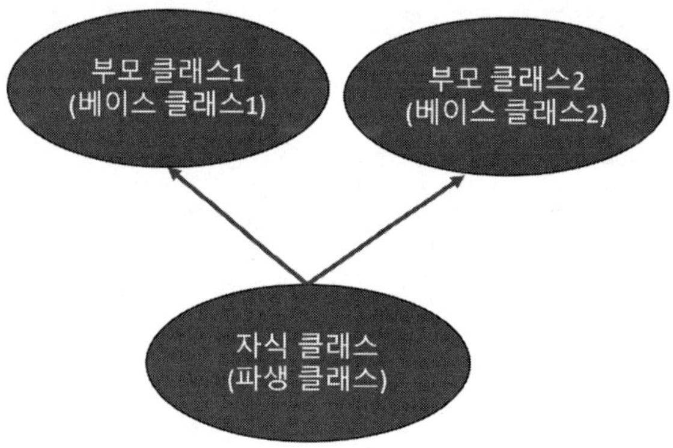

하나의 파생 클래스가 N개의 베이스 클래스를 상속 받을 경우, 파생 클래스의 정의를 다음과 같이 시작한다.

class <Derived Class> : public <Base Class 1>, ... , public <Base Class N>

예를 들어, Pegasus(날아다니는 신화 속의 말)라는 클래스를 정의할 때 Horse 클래스와 Bird 클래스의 성질을 모두 필요로 하기 때문에 다중 상속을 이용한다. 아래 코드는 다중 상속을 통해서 Pegasus 클래스를 정의하는 예제이다.

```
class Horse {
public:
    Horse() { cout << "Horse Created" << endl; }
   ~Horse() { cout << "Horse destroyed" << endl; }
    void run() { cout << "It runs" << endl; }
```

```
};

class Bird {
public:
    Bird() { cout << "Bird Created" << endl; }
    ~Bird() { cout << "Bird destroyed" << endl; }
    void fly() { cout << "It flies" << endl; }
};

class Pegasus : public Horse, public Bird
{
public:
    Pegasus() {
        cout << "Pegasus Created" << endl;
    }
    ~Pegasus() {
        cout << "Pegasus destroy" << endl;
    }
    void move() {
        cout << "Pegasus moves" << endl;
    }
};

int main() {
    Pegasus obj;

    obj.move();
    obj.fly();
    obj.run();
}
```

다음은 위 프로그램 코드의 실행결과이다. Pegasus 생성자가 실행되기 전에, Horse와 Bird 생성자가 먼저 호출됨을 알 수 있다. 또한, Pegasus객체가 소멸될 때는 Pegasus 소멸자보다 Horse 소멸자와 Bird 소멸자가 먼저 호출되는 것을 알 수 있다.

```
Horse Created
Bird Created
Pegasus Created
Pegasus moves
It flies
It runs
Pegasus destroy
Bird destroyed
Horse destroyed
```

다형성(polymorphism)

11
CHAPTER

다형성이란 하나의 메시지가 전달받는 객체의 상황에 따라 여러 형태를 가질 수 있다는 의미이다. 영어단어 polymorphism을 살펴보면, ploy-는 '여럿'이란 의미이고 morph는 '형태'란 의미이다.

C++에는 다음 두 가지 종류의 다형성이 있다.

(1) 첫 번째가 정적 다형성(static polymorphism)이다. 정적 다형성은 C++ 문법 요소에 어떤 타입에 바인딩될지가 컴파일할 때에 정해진다. 컴파일 타임 다형성(compile time polymorphism)이라고도 부른다. 구체적 예로는, operator overloading, function overloading에 의해서 같은 기회의 연산자나 같은 이름의 함수가 다른 기능을 하게 되는 것을 가리킨다. 함수 템플릿(template)을 이용하여 동일한 함수가 다양한 자료형을 구현할 수 있는 것도 포함한다. 연산자 overloading은 앞 장에서 설명하였고 템플릿에 대해서는 추후에 다룬다.

(2) 두 번째는 동적 다형성이다. 동적 다형성은 실행 중 그때마다 연산 대상에 따라 자료형과 연산이 정해진다. run-time polymorphism이라고 하기도 한다. 구체적 예는 어떤 클래스의 포인터 변수에 그 클래스의 파생 클래스를 동적으로 생성하여 할당하는 방식이다. 예를 들면, 도형이란 클래스를 베이스로 하여 삼각형 클래스, 사각형 클래스, 원 클래스를 파생시켜 자식 클래스로 둘 경우, 도형 클래스의 포인터가 삼각형, 사각형, 원 클래스의 객체를 가리킬 수 있다. 클래스 포인터가 가리키는 객체의 run-time 타입에 따라서 같은 이름의 함수라도 다른 기능을 수행하게 된다. 이것은, 베이스 클래스의 함수를 가상함수로 선언하고 파생클래스에서 이 함수를 오버라이딩(overriding) 함으로써 구현된다. (가상함수의 개념은 이전 장에서 상속에 설명하였다)

아래 Test 클래스 정의 코드는 정적 바인딩에 의한 polymorphism의 예시를 보여준다. 아래 코드에서 동일한 이름의 함수정의가 여럿이 있지만 함수 parameter에 의해서 구분이 된다(funciton overloading). t1.fun(10) 호출은 첫 번째 함수 정의와 연결되고, t1.fun(10.5) 호출이 두 번째 함수 정의와 연결되는 것은 컴파일시에 정해지는 것이라 정적 바인딩이라고 부른다.

```
#include <iostream>
using namespace std;

class Test {
public:
  void fun (int x) { cout << "Integer" << endl; }
  void fun (double x) { cout << "Double" << endl; }
};

int main () {
   Test t1;
   t1.fun(10);
   t1. fun(10.5);
   return 0;
}
```

위 코드 실행시 아래 두줄이 출력된다.

```
Integer
Double
```

아래 코드는 operator overloading을 통한 polmorphism 구현이다. 아래 Complex 클래스 정의에 의해서 Complex 클래스의 객체 c1과 c2 간의 덧셈(+) 연산이 가능하다. 아래 코드에서 + 연산자의 기능이 정해지는 시점이 컴파일 시 정해지는 것이므로 compile time binding이 된 것이고 정적 polymorphism의 예시가 된다.

```
class Complex {
private:
```

```
  int real, img;
public:
  Complex (int r = 0, int I = 0) : real(r), img(i) { }
  Complex operator+ (Complex const &obj) {
      Complex res;
      res.real = real + obj.real;
      res.img = img + obj.img;
      return res;
  }
  void show() { cout << "+ i" << img << endl;}
};

int main ( ) {
  Complex c1 (1,3), c2 (2,5);
  Complex c3 = c1 + c2;
  c3.show();
  return0;
}
```

다음은 실행시간 바인딩(동적 바인딩)에 의한 polymorphism을 보여주는 예시이다. 다음은 상속 관계에 있는 클래스의 가상함수 overriding이 func에 적용된 예시이다. main 함수의 Base 클래스 포인터에 동적으로 할당된 Derived 클래스 객체의 func 호출이 Base 클래스의 함수가 아닌 Derived 클래스의 함수가 호출된다.

```
#include <iostream>
using namespace std;

class Base {
public:
  virtual  void func() { cout << "Base" << endl; }
}

class Derived : public Base {
   void func() { cout << "Derived" << endl; }
```

```
}

int main() {
  Base *p = new Derived();
  p->func();
  return 0;
}
```

위 코드 실행시 function overriding에 의해서 아래와 같이 출력된다.

```
Derived
```

만일 위에서 Base 클래스의 fun 정의에서 virtual 키워드를 제거하여 가상함수를 없애면 아래와 같이 출력된다.

```
Base
```

4부

고급 C++ 기능

01 CHAPTER 정적 멤버(static member)

객체에 속한 자료값들은 각 객체에 대해 유일하고 같은 클래스 내의 객체들간에 공유되지 않는 것이 원칙이다. 예들 들면, 3개의 circle 객체들이 가지는 radius 멤버값은 3개 객체 각각의 고유하고 독립된 값들이다.

그런데, 경우에 따라 같은 클래스에 속한 객체들 간에 모두 공유해야 하는 정보가 있다면 이 경우에 '정적 멤버 데이터(static member data)'라는 기능을 이용하여 구현할 수 있다. 예들 들어, circle 클래스로 만든 객체의 개수가 몇 개나 되고 소멸된 객체는 몇 개나 되는지 세고 싶다면 num_objects 라는 멤버를 static으로 선언하여 모든 circle 객체들이 공유하고 이 멤버를 생성자와 소멸자에서 증감을 시키면 원하는 정보 공유가 이루어질 것이다.

정적 멤버 변수를 선언하기 위해서는 멤버 이름 앞에 static 키워드를 붙이면 된다.

```
static <변수 타입> <변수명>;
```

이 정적 멤버 변수를 접근하기 위해서는 다음과 같이 scope 연산자를 이용하여 표기한다.

```
<클래스 이름>::<변수명>
```

이 정적 멤버 변수는 객체가 생성될 때 객체 내에 기억장소를 차지하기 않기 때문에, 초기화를 생성자에서 하지 않고 아래와 같이 함수 밖에서 글로벌한 변수를 초기화하듯이 한다.

```
<변수 타입> <클래스 이름>::<변수명> = <초기값> ;
```

다음 코드는 circle 클래스에 정적 멤버 변수 num_objects를 선언하여 사용한 예시이다.

```
class circle {
private:
    int radius;

public:
    circle(int a) : radius(a) {
        num_objects++;
        cout << "circle constructor" << endl;
    }
    ~circle() {
        num_objects--;
        cout << "circle destructor" << endl;
    }
    static int num_objects;
};

int circle::num_objects = 0;

int main() {
    cout << "object = " << circle::num_objects << endl;
    circle a1(10);
    cout << "object = " << circle::num_objects << endl;
    circle* p1 = new circle(20);
    cout << "object = " << circle::num_objects << endl;
    delete p1;
    cout << "object = " << circle::num_objects << endl;
}
```

다음은 위 코드의 실행 결과이다. main 함수에서 출력한 object 개수 메시지에서 num_objects가 생성자와 소멸자 호출에 따라 적절히 증감함을 확인할 수 있다.

```
object = 0
circle constructor
object = 1
circle constructor
```

```
object = 2
circle destructor
object = 1
circle destructor
```

위 코드에서 정적 멤버 변수 num_objects를 public으로 선언하여 main 함수에서 직접 접근할 수 있도록 하였으나 정적 멤버 함수를 사용하여 이 어색함을 피할 수 있다. 정적 멤버 함수는 클래스의 멤버이지만 특정 객체에 속하지 않고 전체 클래스에 공유되는 개념이기에 객체 없이 독립적으로 호출될 수 있다. static 키워드를 멤버함수 선언 앞에 끼워 넣어 정적함수를 클래스 멤버로 아래와 같은 형식으로 선언할 수 있다.

```
static <함수 리턴타입> <함수 명> (<인자 타입>);
```

정적 함수를 호출할 때는 아래와 같이 <클래스 명>::<함수명>의 형식으로 가능하다.

```
<클래스명>::<함수명>( <함수인자> );
```

다음은 위 circle 클래스 예시에서 num_objects 정적 멤버 변수를 private으로 바꾸고, get_num( ) 정적 함수를 public으로 추가한 버전이다. 정적 함수 호출시 객체가 필요없고 클래스 이름만으로 함수를 호출할 수 있다.

```
class circle {
private:
    int radius;
    static int num_objects;
public:
    circle(int a) : radius(a) {
        num_objects++;
        cout << "circle constructor" << endl;
    }
    ~circle() {
        num_objects--;
        cout << "circle destructor" << endl;
    }
```

```
    static int get_num() { return num_objects; }
};

int circle::num_objects = 0;

int main() {
    cout << "object = " << circle::get_num() << endl;
    circle a1(10);

    cout << "object = " << circle::get_num() << endl;
    circle* p1 = new circle(20);

    cout << "object = " << circle::get_num() << endl;
    delete p1;

    cout << "object = " << circle::get_num() << endl;
}
```

위 코드의 실행 결과는 이전 코드와 정확히 동일하다.

02 CHAPTER

프랜드(friend) 클래스 및 함수

A 클래스에서 B 클래스의 private 또는 protected 멤버들을 접근하려며 상속관계에서 A가 B클래스의 파생클래스이어야 가능하다. 그런데, 상속관계에 있지 않은 두 클래스 간에 상호간의 private 멤버를 접근하여야 코딩이 편해질 경우가 있을 수 있는데 이를 지원하는 기능이 **프랜드 선언**이다. A 클래스에서 B 클래스의 모든 멤버를 접근하도록 하기 위하여 A를 B의 **friend 클래스**로 B 내부에서 선언해주어야 합니다. 다음과 같은 형식이 필요하다.

```
class B {
private:
    // private 멤버 선언
public:
    friends class A;
    // 다른 멤버 선언들...
};

class A {
    // A멤버 함수에서 B의 private 멤버들을 접근 가능함
    // B의 private 멤버 + A의 멤버 등의 연산 가능
};
```

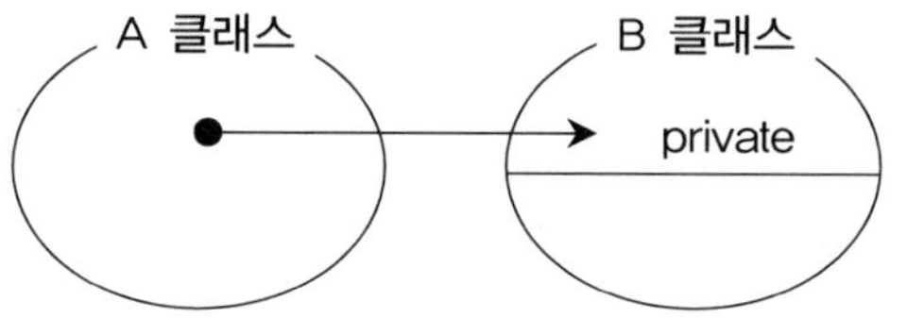

다음은 friend 클래스 사용 예제 코드이다.

```
class B {
private:
    int y;
public:
    friend class A;
    B(int b) : y(b) { cout << "B constructor" << endl; }
```

```
    ~B() { cout << "B destructor" << endl; }
};

class A {
private:
    int x;
public:
    A(int a) : x(a) { cout << " A constructor" << endl; }
    ~A() { cout << "A destructor" << endl; }

    int add_AB(B &inst) {
        return inst.y+ x;
    }
};

int main() {
    A a(1);
    B b(2);
    cout << "add_AB =" << a.add_AB(b) <<endl;
}
```

다음은 위 프로그램의 실행결과이다. 클래스 A에서 B의 private 멤버를 접근하는데 아무 문제가 없음을 확인하였다.

```
A constructor
B constructor
add_AB =3
B destructor
A destructor
```

주의할 점은 이 프랜드 선언은 파생되어 만들어진 클래스에 상속되지 않는다는 점이다(비유컨대, 부모의 친구가 그 자식의 친구일수 없듯이). 또 한 가지 주의할 점은 A가 B의 프랜드로 선언되었다고 자동적으로 B가 A의 프랜드가 되는 것은 아니다. 프랜드 선언은 쌍방향적 성질이 아니다(비유컨대, A가 B에게 비밀을 털어놓았다고 B가 A에게 비밀을 털어 놓을 필요가 없듯이).

A 클래스를 B클래스에서 프랜드 클래스로 선언하면 A 클래스의 모든 멤버들에게 B 클래스의 모든 멤버들을 접근하도록 개방하는 꼴이 된다. 그런데, 이것이 부담스러운 경우 A 클래스와 B 클래스의 private 및 protected 멤버들을 자유롭게 접근할 수 있는 특별한 글로벌 함수를 따로 정의하는 것이 한 방법이다. 어떤 클래스에도 소속되지는 않았으나 지정된 클래스의 모든 멤버들을 자유롭게 접근하는 권한을 부여받은 함수를 friend 함수하고 한다. 예를 들어 A클래스 내에 func라는 함수를 friend로 선언하면 func 함수에서는 A클래스의 모든 멤버들을 접근할 수 있게 되어 프로그래밍의 효율을 높여줄 수 있다. 다음은 A2와 B2 클래스의 공통된 friend 함수 operator+를 정의하여 A2객체+B2객체 연산을 가능하게 한 예제 코드이다. 첫부분 class A2 선언은 class B2내에서 A2를 처음 함수의 인자타입으로 언급하고 있기 때문에 컴파일 오류 방지를 위해서 A2가 클래스 이름임을 알려주려는 것이다.

```
class A2;

class B2 {
private:
    int y;
public:
    friend int operator+(A2 &, B2&);
    B2(int b) : y(b) { cout << "B2 constructor with " << b << endl; }
    ~B2() { cout << "B2 destructor of " << y << endl; }
};

class A2 {
private:
    int x;
public:
    A2(int a) : x(a) { cout << "A2 constructor  with " << a << endl; }
    ~A2() { cout << "A2 destructor of " << x << endl; }
    friend int operator+(A2&, B2&);

};

int operator+ (A2 &lhs, B2& rhs) {
```

```
    cout << "friend of A2 and B2" << endl;
    return lhs.x + rhs.y; // operator+ 함수가 A2, B2 클래스의 모든
                          // 멤버들을 접근가능함
}

int main() {
    A2 a(100);
    B2 b(20);
    cout << "A+B =" << a+b << endl;
}
```

아래는 위 코드의 실행 결과이다. A클래스와 B클래스 객체의 덧셈이 자연스럽게 수행된다.

```
A2 constructor  with 100
B2 constructor with 20
friend of A2 and B2
A+B =120
B2 destructor of 20
A2 destructor of 100
```

특히, 클래스의 상태를 cout으로 출력해주는 ostream<< 함수 오버로딩에 프랜드 함수가 유용하다. 왜냐하면, 출력 함수는 클래스 멤버가 아니면서도 클래스 내부의 private 멤버들을 모두 접근해야 하는데 ostream<< 함수를 friend 함수로 클래스에서 선언해주면 이것이 가능해지기 때문이다.

A클래스의 상태를 출력하는 << 연산자 오버로딩을 위해서는 먼저, 아래와 같이 A 클래스 내에 프랜드로 ostream<< 함수를 선언을 한다.

```
friend os & ostream<< (ostream & os, A &a);
```

그리고, 아래와 같이 << 연산자 오버로딩 함수를 정의한다.

```
os & ostream<< (ostream & os, A &obj) {
  os << "status=" << obj.x << endl;
  return os;
}
```

그리고, 아래와 같이 사용하면 재정의된 << 연산자가 바로 작용한다.

```
A a(3)
os << a;
```

다음은 A클래스에 대한 << 연산자 오버로딩을 보여주는 전체 코드와 실행 결과이다.

```
class A {
private:
    int x;
public:
    A(int a) : x(a) { cout << "A constructor  with " << a << endl; }
    ~A() { cout << "A destructor of " << x << endl; }
    friend ostream& operator<< (ostream&, A& ); // 프랜드 함수 선언
};

ostream& operator<<(ostream& os, A& rhs) { // operator<<는 글로
                                            // 벌 함수로 정의
    os << "value=" << rhs.x;
   return os;
}

int main() {
    A a(1);
    cout << a << endl;
}
```

```
A constructor  with 1
value=1
A destructor of 1
```

템플릿(template)

03 CHAPTER

3.1 데이터 template

어떤 클래스나 함수를 정의할 때 연산 방식이나 변수들 이름과 개수는 동일한데 데이터 타입만 바꾸어야 하는 경우, 데이터 타입의 개수만큼 클래스와 함수를 따로 정의해주어야 하는 불편함이 있다. 이 문제를 해결한 것이 탬플릿(template)이다. 아래는 X라는 클래스의 멤버 데이터 타입을 매개변수 T로 만들어 탬플릿 클래스를 선언하는 방법이다.

```
template <typename T>
class X {
  // 멤버들을 선언할 때 T를 이용해서 데이터 타입을 표현함
};
```

위와 같이 클래스 X를 선언한다면 실제로 객체를 만들 때 T에 해당하는 데이터 타입을 기입해주면 된다. 예들 들어, X<int>, X<char>, X<float> 식으로 T 대신 구체적인 타입이름을 기입하면 개별적인 T의 타입에 따라 X의 버전이 따로 정의된 바와 같아지게 된다.

예를 들어, 2차원 평면에서 한점의 좌표를 표시하는 Point라는 클래스가 있을 때 좌표값이 int 정수형일 때와 float형일 때를 모두 하나의 클래스로 나타내려고 한다고 하자. Point 클래스를 다음과 같이 template 클래스로 정의하면 된다. 클래스 Point를 template으로 정의했기에 main 함수에서 int형 좌표 p1와 float형 좌표 p2를 모두 같은 Point 클래스로 나타내고 있다.

```
template <typename T>
class Point {
private:
```

```
    T xpos, ypos;
public:
    Point(T x = 0, T y = 0) : xpos(x), ypos(y) {}
    void showPoint() {
        cout << "("  << xpos << "," << ypos << ")" <<endl;
    }
};

int main() {
    Point<int> p1(20, 31);
    Point<float> p2(20.3, 31.45);
    p1.showPoint();
    p2.showPoint();
}
```

다음은 위 코드의 실행 결과이다.

```
(20,31)
(20.3,31.45)
```

이번에는 다양한 형태의 원소를 담을 수 있는 Array 클래스를 template로 선언해보자.

```
using namespace cv;
using namespace std;

template <class T>
class Array {
private:
    int size;
    T* p;
public:
    Array(int its_size = 10): size(its_size) {
        p = new T[size];
        for (int i = 0; i < size; i++)
            p[i] = 0;
    }
```

```
    Array(Array& rhs) : size(rhs.size) {
        p = new T[size];
        for (int i = 0; i < size; i++)
            p[i] = rhs[i];
    }
    ~Array() { delete []p; }
    int get_size() { return size; }
    Array& operator=(const Array& rhs) {
        if (this == &rhs) return *this;
        delete [] p;
        size = rhs.size;
        p = new T[size];
        for (int i = 0; i < size; i++)
            p[i] = rhs[i];
    return *this;
    }

    T& operator[] (int offset) { return p[offset];}
    const T& operator[] (int offset) const { return p[offset];
   }
};

class Animal {
private:
    int weight;
public:
    Animal(int w=300) : weight(w) {}
    Animal(Animal& rhs) { weight = rhs.weight; }
    Animal& operator=(int x) { weight = x;  return *this; }
    friend ostream& operator<< (ostream& os, Animal& animal);
};

Array<Animal>::Array(int AnimalArraySize) : size(AnimalArraySize) {
    p = new Animal [AnimalArraySize];
}
```

```
ostream& operator<< (ostream& os, Animal& animal) {
    os << "Animal: " << animal.weight;
    return os;
}

int main() {
    Array<int> array_int, arry(12);
    Array<Animal> array_Animal(5);

    for (int i = 0; i < arry.get_size(); i++)
        arry[i] = i * 2;

    for (int i = 0; i < array_Animal.get_size(); i++)
        array_Animal[i] = i * 10;

    array_int = arry;
    for (int i = 0; i < array_int.get_size(); i++)
        cout << i << "-th element = " << array_int[i] << endl;
    for (int i = 0; i < array_Animal.get_size(); i++)
        cout << i << "-th Animal = " << array_Animal[i] << endl;
}
```

다음은 실행 결과 출력이다.

```
0-th int = 0
1-th int = 2
2-th int = 4
3-th int = 6
4-th int = 8
5-th int = 10
6-th int = 12
7-th int = 14
8-th int = 16
9-th int = 18
10-th int = 20
11-th int = 22
```

```
0-th Animal = Animal: 0
1-th Animal = Animal: 10
2-th Animal = Animal: 20
3-th Animal = Animal: 30
4-th Animal = Animal: 40
```

3.2 함수 template

함수의 인자 등을 다양한 데이터 형태로 받아들일 수 있도록 하기 위해서 함수의 선언을 생각해보자. template 클래스 객체를 함수의 인자로 하여 다음과 같이 선언하는 것은 모두 문법적으로 오류를 일으킨다.

```
show_array(Array<T>&);
show_array(Array&);
```

그래서, 함수 template이란 것이 필요하다.

```
template<class T>
show_array(Array<T>&) ;
```

다음은 Array 클래스에 대해 일반 함수 template, 멤버 함수 template, friend 함수 template 예제이다.

- show_array(Array<T>&): 일반 template 함수로 정의
- = 연산자 오버로딩 함수: class Array의 멤버 함수 template 함수로 정의
- << 연산자 오버로딩 함수: class Array의 friend 함수가 template 함수로 정의

```
using namespace cv;
using namespace std;

template <class T>
class Array {
private:
```

```
    int size;
    T* p;
public:
    Array(int its_size = 10): size(its_size) { // 생성자
        p = new T[size];
        for (int i = 0; i < size; i++)
            p[i] = 0;
    }
    Array(Array& rhs) : size(rhs.size) { // 복사 생성자
        p = new T[size];
        for (int i = 0; i < size; i++)
            p[i] = rhs[i];
    }
    ~Array() { delete [ ] p; } // 소멸자
    int get_size() { return size; }
    Array& operator=(const Array& ); // = 연산자 오버로딩
    T& operator[] (int offset) { return p[offset]; } // [] 연산
                                자 오버로딩 (LSH)
    const T& operator[] (int offset) const { return p[offset];
                                } // [] 연산자 오버로딩 (RHS)
    template<class T> friend ostream& operator<< (ostream& ,
                                Array<T>& ); // 프렌드 함수 선언

};

template<class T>
Array<T>& Array<T>::operator=(const Array<T>& rhs) {
    if (this == &rhs) return *this;
    delete[] p;
    size = rhs.size;
    p = new T[size];
    for (int i = 0; i < size; i++)
        p[i] = rhs[i];
    return *this;
}
```

```
template<class T>  void show_array(Array<T> arry) {
    for (int i = 0; i < arry.get_size(); i++)
        cout << i << "-th element= " << arry[i] << endl;
}

template<class T> ostream& operator<< (ostream& output,
                                        Array<T>& arry) {
    for (int i = 0; i < arry.size; i++)
        output << "Array[" << i << "]= " << arry.p[i] << endl;
    return output;

}

int main() {
    Array<int> array_int, arry(12);

    for (int i = 0; i < arry.get_size(); i++)
        arry[i] = i * 2;

    array_int = arry;
    show_array(arry);
    cout << array_int;
}
```

다음은 위 프로그램의 실행 결과이다. show_array 함수에 의한 출력과 << 연산자에 의한 출력이 차례대로 보인다.

```
0-th element= 0
1-th element= 2
2-th element= 4
3-th element= 6
4-th element= 8
5-th element= 10
6-th element= 12
7-th element= 14
8-th element= 16
```

```
9-th element= 18
10-th element= 20
11-th element= 22
Array[0]= 0
Array[1]= 2
Array[2]= 4
Array[3]= 6
Array[4]= 8
Array[5]= 10
Array[6]= 12
Array[7]= 14
Array[8]= 16
Array[9]= 18
Array[10]= 20
Array[11]= 22
```

예외 처리(exception) 04 CHAPTER

C++에서 예외(exception)란 프로그램에서 발생할 수 있는 예외적인 사항들(오류)을 의미한다. 이 예외를 체계적으로 다루는 방식을 try 블록과 catch 블록을 이용해서 제공하고 있다.

```
try {
    // 예외를 발생시킬 가능성이 있는 기능 코드
}

catch (<예외조건1>){
    // 예외 처리 1
}
catch (<예외조건2>) {
    // 예외 처리 2
}
```

위에서 <예외조건>들은 예외 상황 정보를 나타내는 클래스 객체가 된다. try 블록 내의 어떤 코드에서 아래와 같이 throw문을 이용해서 예외처리 요청을 하면 해당 예외조건 객체에 매칭되는 catch 블록이 실행된다.

```
throw <예외조건 객체>
```

다음은, Array라는 클래스의 예외 처리를 보여주는 예제이다.

```
class Array {
private:
    int* p;
    int itsSize;
public:
    Array(int sz = 10): itsSize(sz) {
```

```
        p = new int[itsSize];
        for (int i = 0; i < itsSize; i++)
            p[i] = 0;
    }
    ~Array() {
        delete[] p;
        itsSize = 0;
    }
    //Array& operator= (const Array& rhs);
    int operator[] (int index) const;
    int &operator[] (int index);
};

class xBoundary {
private:
    int problem;
public:
    xBoundary(int idx) : problem(idx) {    }
    int errorNum() { return problem; }
}; // exception handling class

int &Array::operator[](int index) {
    if (index >= 0 && index < itsSize)
        return p[index];
    else
        throw xBoundary(index);
}

int Array::operator[] (int index) const {
    if (index >= 0 && index < itsSize)
        return p[index];
    else
        throw xBoundary(index);
}
```

```
int main() {
    Array intArry(5);

    try {
        for (int i = 0; i < 10; i++) {
            intArry[i] = 10-i;
            cout << i << "-th Array: " << intArry[i] << " OK" << endl;
        }
    }

    catch (xBoundary exception) {
        cout << "Error: Out of Boundary for Array" <<
                                exception.errorNum() << endl;
    }

    cout << "Done !" << endl;

    for (int i = 0; i < 5; i++)
        cout << i << "-th Array:" << intArry[i] << endl;
}
```

다음은 위 프로그램의 출력문이다. 출력문 중에 intArray[5]를 접근하려고 할 때 에러 메시지가 제대로 작동함을 확인할 수 있다.

```
0-th Array: 10 OK
1-th Array: 9 OK
2-th Array: 8 OK
3-th Array: 7 OK
4-th Array: 6 OK
Error: Out of Boundary for Array5
Done !
```

5부

OpenCV를 이용한 영상처리 기초

01 CHAPTER OpenCV 설치 및 환경설정

먼저, openCV 라이브러리를 설치해야 한다. opencv.org 사이트에 접속하여 Library 메뉴에서 Releases를 선택한다.

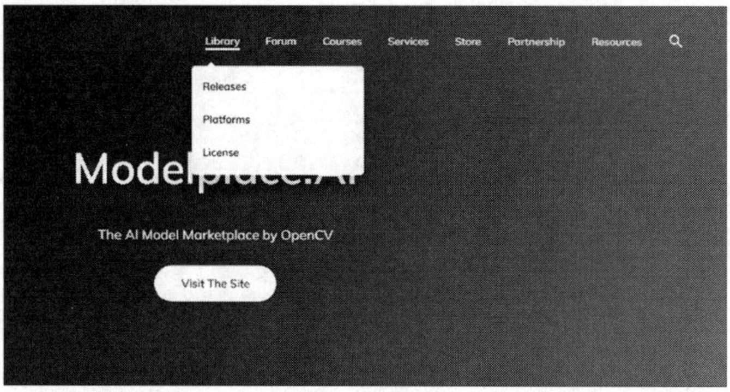

2022년 1월 초 현재 최신 버전인 OpenCV-4.5.5 버전에서 자신이 사용하는 OS에 맞는 하위 메뉴를 선택한다. 예를 들어, Windows를 사용하는 개발자라면 Windows를 클릭하면 openCV 라이브러리를 하나의 압축 파일로 로컬 하드드라이브에 내려받게 된다.

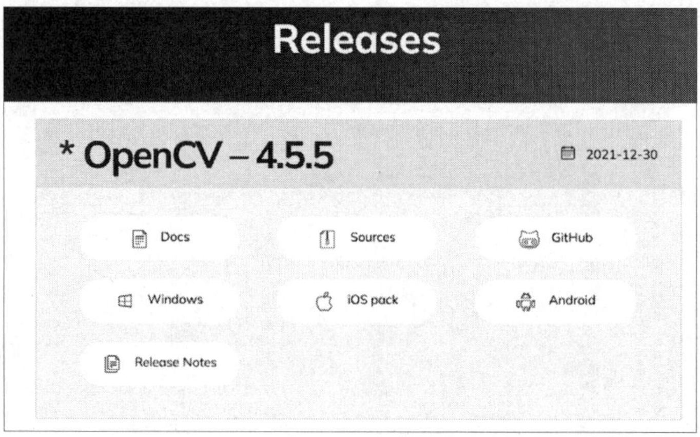

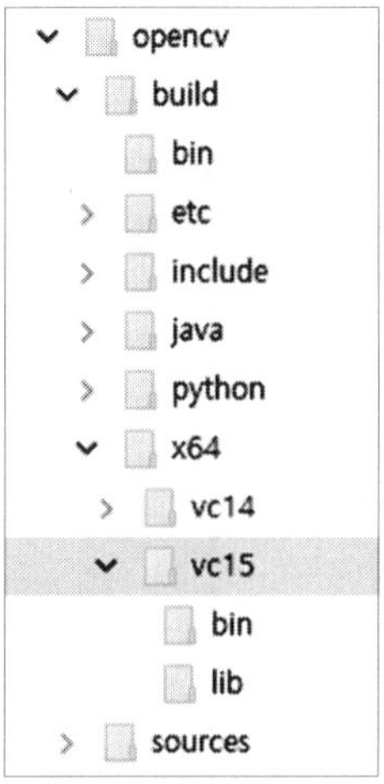

압축 화일을 풀면 좌측과 같은 폴더 구조를 확인할 수 있다. 64비트 windows OS에서 Visual Studio 2019를 이용해서 opencv 응용 프로그램을 개발한다면, 최상위 폴더명이 opencv라고 할 때 opncv\build\x64\vc15\lib에서 핵심 opencv 라이브러리인 opencv_world455d.lib 및 opencv_world455.lib 파일을 찾을 수 있고 opencv\build\include에서는 opencv 라이브러리용 헤더 화일들을 찾을 수 있다.

(주의: vc15가 Visual Studio 2019를 포함한 또는 Visual Studio 2017 이후 버전에 해당하는 컴파일러 버전이다. vc14는 Visual Studio 2015컴파일러 버전이다.)

이런 opencv 환경에서 Visual Studio의 라이브러리 및 헤더화일 경로를 설정해주어야 한다. 다음과 같은 절차를 따라 Visual Studio 2019에서 환경을 설정한다.

(1) visual studio에서 C++ 프로젝트를 먼저 생성한다. (파일 → 새로만들기 → Project)

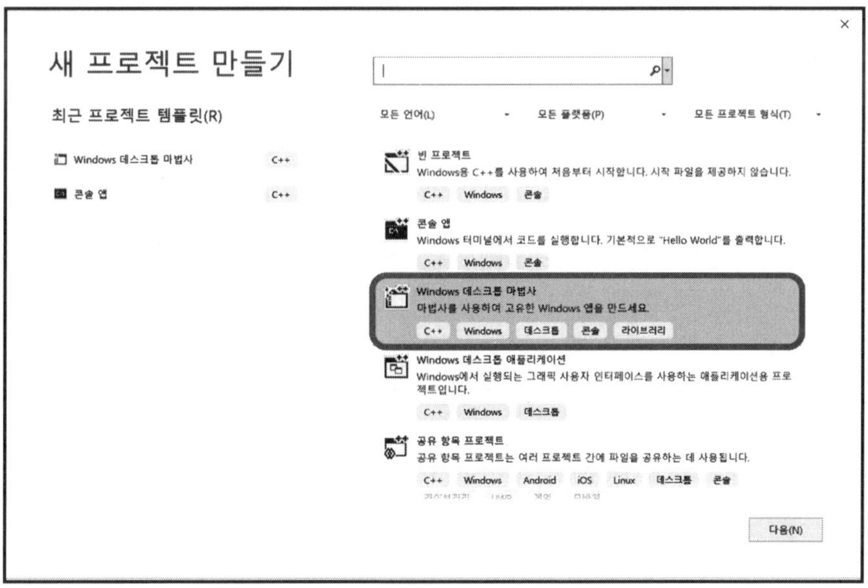

(2) 빈 프로젝트를 선택한다.

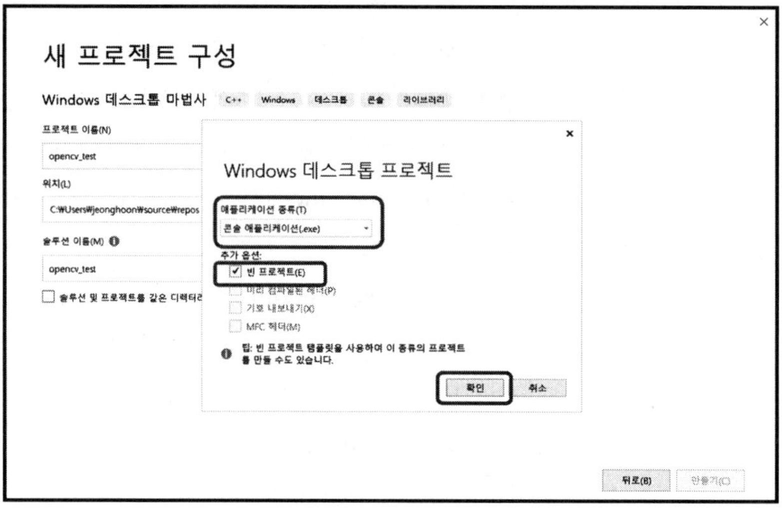

(3) 프로젝트를 생성한 뒤 프로젝트 구성 (Configuration)을 선택한다. 빌드 → 구성관리자 메뉴를 선택한다. 아래 구성관리자 창에서 활성 솔루션 구성은 Debug 활성 솔루션, 플랫폼은 x64가 되도록 선택한다.

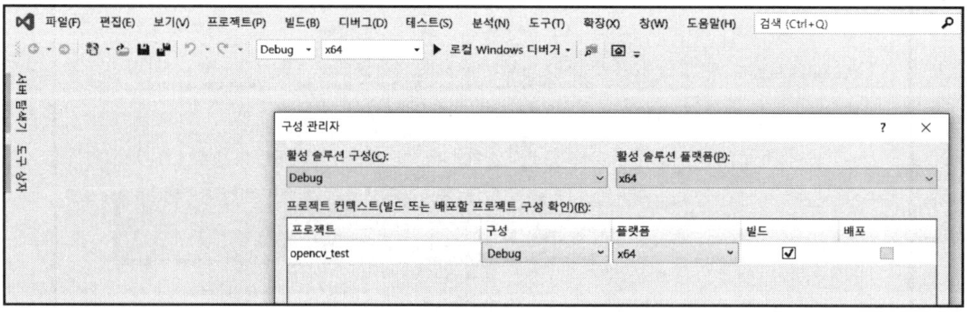

(4) 프로젝트 → 속성을 선택한다. 만일 프로젝트명이 opencv_test라면 프로젝트 메뉴 아래에 opencv_test 속성이란 이름의 하위 메뉴가 있을 것이다.

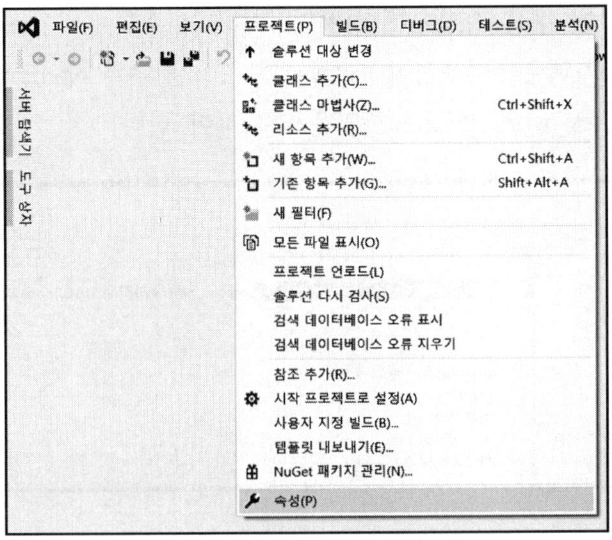

속성 창에서 바꾸어주어야 할 속성은 “추가 포함 디렉토리”, “추가 라이브러리 디렉토리”, “추가 종속성”의 3가지이다.

(4-1) 속성창 아래 구성속성에서 VC++ 디렉터리 → 추가 포함디렉터리 메뉴에서 opencv가 설치된 폴더 아래 build\include와 build\include\opencv2 경로를 추가해준다.

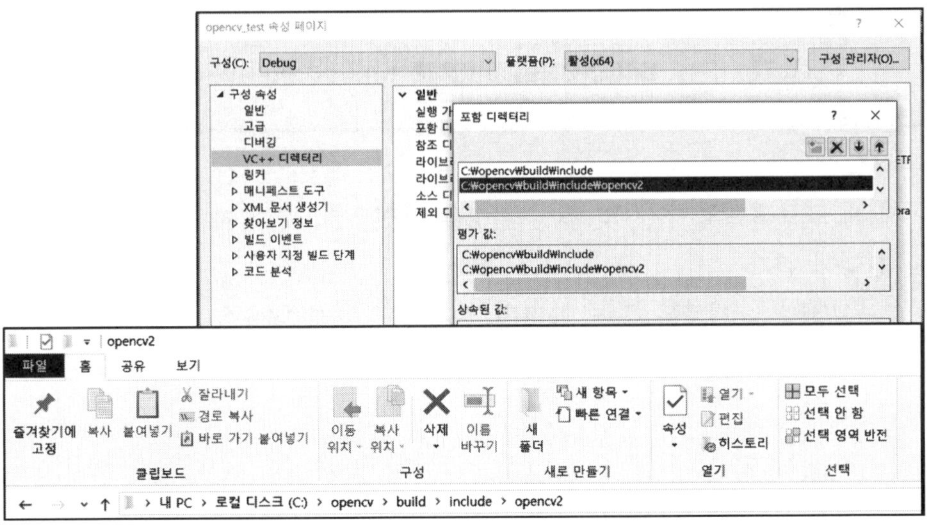

(4-2) 속성창 아래 구성 속성에서 링커 → 추가 종속성에서 opencv_world455d.lib 파일을 추가해준다. (구성이 Release 모드인 경우는 opencv_world455d.lib 대신에 opencv_world455.lib 파일을 추가해야 한다)

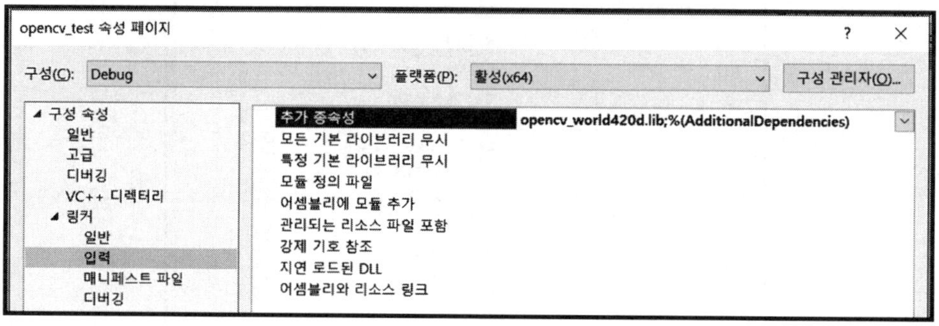

(4-3) 속성창 아래 구성 속성에서 링커 → 추가 라이브러리 디렉터리 메뉴에 opencv\build\x64\vc15\lib 경로를 추가한다.

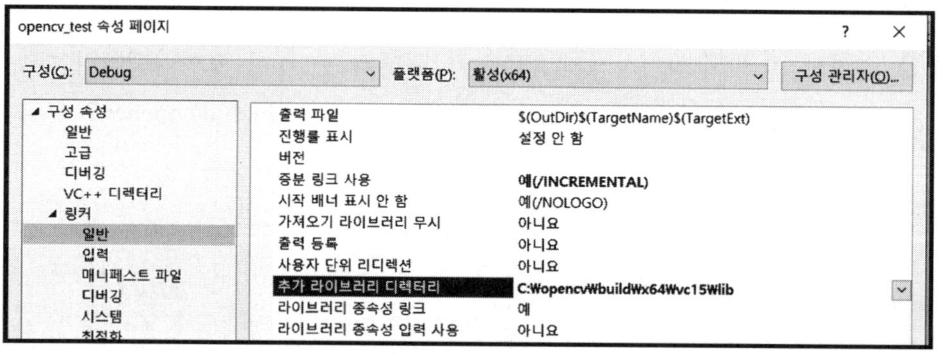

(5) 이제 새 프로젝트의 구성 및 속성 설정을 마쳤으니, 소스 파일을 입력하고 컴파일 및 실행해 본다.

(5-1) 프로젝트에 새로운 C++ 파일을 추가하고 아래 내용을 입력한다.

```
#include <iostream>
#include "opencv.hpp"

using namespace std;
using namespace cv;

int main()
{
    cout << "Hello World!\n";
    Mat mat;

    mat = imread("images\\pears.png");

    imshow("img", mat);
    waitKey(0);
}
```

(5-2) 현재 프로젝트 폴더아래에 images란 하위 폴더를 만들고 pears.png라는 그림 파일을 둔 뒤에 실행한다. 명령어 창에 메시지가 출력되고 아래와 같은 그림이 화면에 나타나야 한다. 아무 키나 입력하면 프로그램이 종료될 것이다. 만일 오류가 발생하면 파일명이 잘못되었거나, 폴더 위치가 잘못된 것이다.

현재 프로젝트 폴더의 위치를 확인하려면 아래와 같이 솔루션 탐색기에서 프로젝트 속성 메뉴를 이용한다.

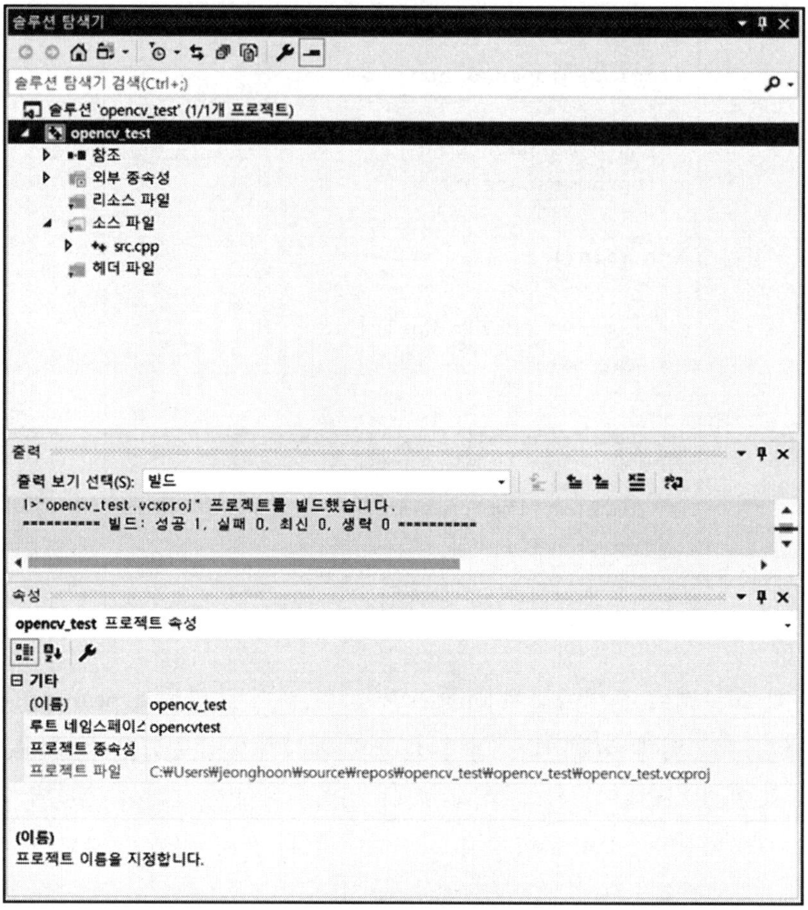
솔루션 탐색기
솔루션 탐색기 검색(Ctrl+;)
솔루션 'opencv_test' (1/1개 프로젝트)
opencv_test
참조
외부 종속성
리소스 파일
소스 파일
src.cpp
헤더 파일
출력
출력 보기 선택(S): 빌드
1>"opencv_test.vcxproj" 프로젝트를 빌드했습니다.
========== 빌드: 성공 1, 실패 0, 최신 0, 생략 0 ==========
속성
opencv_test 프로젝트 속성
기타
(이름) opencv_test
루트 네임스페이스 opencvtest
프로젝트 종속성
프로젝트 파일 C:₩Users₩jeonghoon₩source₩repos₩opencv_test₩opencv_test₩opencv_test.vcxproj
(이름)
프로젝트 이름을 지정합니다.

Mat 클래스 이해하기

02
CHAPTER

2.1 영상 데이터 표현

opencv에서 가장 중요한 자료구조는 Mat 클래스이다. 이 클래스는 한 장의 그림을 나타내는 픽셀들의 2차원 배열 구조이다. 각각의 픽셀은 1개 또는 3개의 정수 값으로 구성되는데, 그레이스케일 영상이면 각 픽셀의 밝기 값을 나타내는 1개의 8비트 정수 값, 컬러 영상이면 대개는 Blue, Green, Red의 밝기를 나타내는 3개의 8비트 정수값으로 나타낸다. 여기서 1개 또는 3개의 정수값을 채널이라고 부른다. 즉, 그레이스케일 영상은 1개의 채널을 가지고 컬러 픽셀 영상은 Blue, Green, Red 이미지를 의미하는 3개의 채널을 가진다. 한 장의 M × N 크기의 컬러 그림을 위한 하나의 Mat 객체에는 3개의 채널에 해당하는 3장의 M × N 크기 2차원 배열로 구성된다고 생각할 수도 있다.

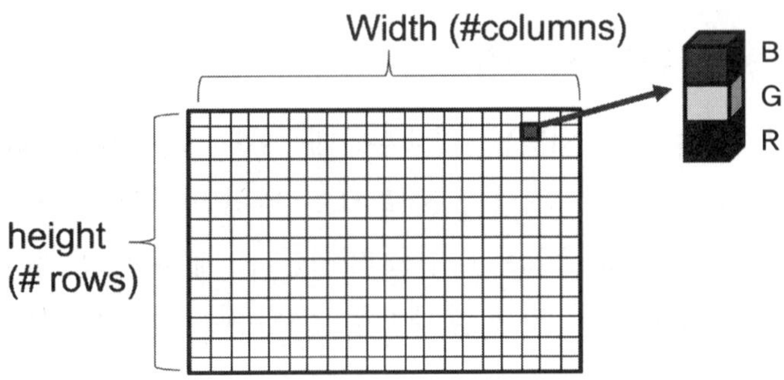

Mat 객체(M)는 한 장의 이미지를 나타내는 것이다. 참고로, 동영상은 이런 Mat 객체 여럿으로 구성되는데, 동영상을 구성하는 각 장의 그림(하나의 Mat 객체)을 프레임이라고 한다. 동영상 1초 분량을 위해서 몇 개의 프레임이 필요한지를 frame rate라고 한다(보통 초당 24~30 frame을 쓰면 사람이 보기에 자연스런 동영상이 된다).

Mat 클래스를 위한 객체의 선언은 다음과 같은 다양한 형태가 가능하다.

Mat M ; // 내부 크기가 값은 undefined

Mat M (rows, columns, pixel_type); // 가로, 세로, 채널수

Mat M (rows, columns, pixel_type, initial_value); // 가로, 세로, 채널수, 픽셀 초기값

Mat M (Size(width, height), pixel_type, initial_value); // 가로, 세로, 채널수, 픽셀 초기값

rows와 columns는 각각 세로 및 가로 길이를 픽셀의 개수 단위로 나타낸 것인데 Size 클래스 객체를 이용하여 크기를 나타낼 때는 Size(width, height)의 형식이라 가로 길이 다음에 세로 길이로 인자의 순서가 나타남에 유의하자.

initial_value는 하나의 정수값으로 한 이미지 프레임의 모든 픽셀들을 같은 값으로 초기화시키기 위함이다.

위의 형식에서 pixel_type은 각 픽셀의 속성을 의미하는데, 픽셀 당 몇 개의 채널로 구성되는지 (1채널 = 그레이스케일, 3채널 = 컬러) 각 채널의 비트수는 얼마인지를 나타내는 정보이다. pixel_type 의 형식은 다음과 같다.

```
CV_[bit#][type][C채널#]
```

위 형식에서 bit#는 한 채널의 비트수인데 보통 8을 사용한다(한 채널의 값이 0~255 범위가 된다). type은 채널의 자료 표현 타입인데 U, S, F 중 하나의 문자를 사용하여 Unsigned, Signed, Float 타입을 의미한다. 채널#는 채널의 개수를 의미한다 1 또는 3을 주로 사용하는데 숫자 앞에 C를 붙여준다. 마지막 채널 개수는 생략하면 1이 기본값이 된다.

많이 사용되는 pixel_type에는 다음과 같은 것들이 있다.

CV_8UC3 : 8비트 unsigned integer 3채널 (컬러 영상)

CV_8UC1 : 8비트 unsigned integer 1채널 (그레이스케일 영상)

CV_16S : 16비트 signed integer 1채널 (그레이스케일 영상)

CV_32F : 32비트 floating-point number 1 채널 (그레이스케일 영상)

pixel_type이 CV_8UC3라면 픽셀의 값을 3개의 8비트 unsigned 정수값으로 나타내게 되는데 이것을 OpenCV에서 Scalar라는 타입으로 정의해두었다. Scalar 타입으로 하나의 컬러값을 위한 3개의 정수값을 나타내는 형식은 아래와 같다.

Scalar(Blue, Green, Red)

여기서 주의할 사항은 컬러 성분의 순서이다. 보통 컬러 성분을 R, G, B의 순으로 부르는데 OpenCV에서는 Blue와 Red의 순서를 바꾸어 B, G, R의 순서로 색상 성분값을 나타낸다. 따라서, Scalar(200,100,0)로 표현된 픽셀 컬러값은 Blue 채널 성분의 밝기가 200이고, Green 성분의 밝기가 100이고 Red 성분의 밝기가 0인 컬러값을 표현한다.

가로 세로가 각각 300 × 200인 파란색의 빈 이미지를 하나 생성해보자.

```
#include "opencv.hpp"
int main() {
    cv::Mat M (200,300, CV_8UC3,
                    cv::Scalar(255,0,0));
    cv::imshow("test", M);
    cv::waitKey(0)
}
```

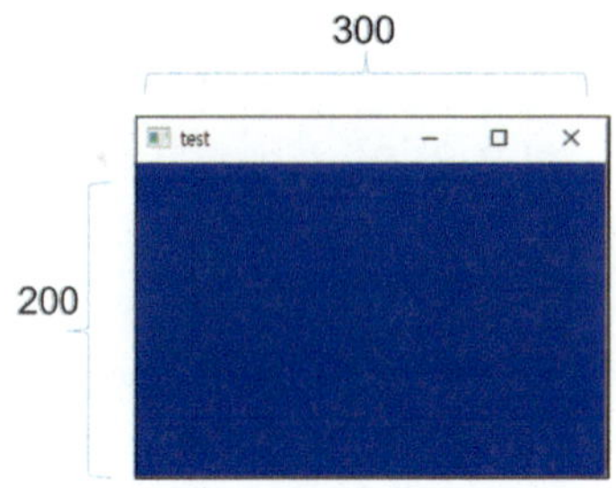

imshow( ) 함수를 호출하여 출력할 이미지를 지정하고 waitKey( ) 함수에 의해서 화면에 지정된 이미지가 출력이 된다. waitKey 함수의 인자는 ms 단위의 시간이며 화면을 보여주는 시간을 의미한다. 이 인자값이 0이면 사용자가 키를 입력할 때까지 무한정 대기한다는 의미이다.

위 코드에서 화면의 Mat 객체 선언부를 다음과 같이 바꾸면 grayscale 이미지를 출력하게 된다. 이미지가 1 채널 grayscale 이미지일 때는 initial 값을 0~255 범위의 정수값을 쓴다.

```
cv::Mat M(200,300, CV_8U, 120);
```

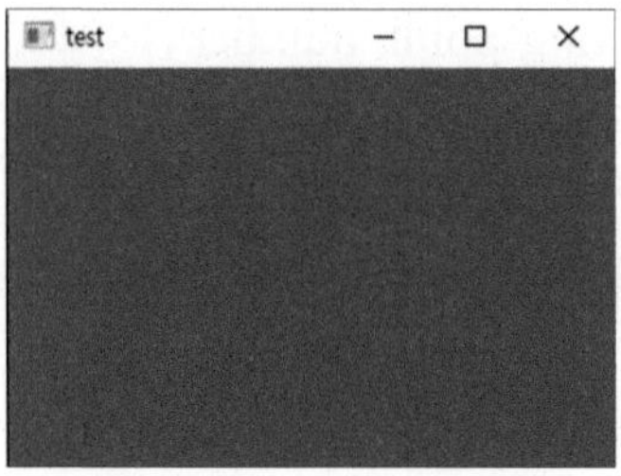

영상저장을 위한 기억장소 용량은 다음 식으로 계산이 된다. 영상의 가로와 세로는 Mat 클래스의 가로와 세로 길이로서 각각 cols와 rows 멤버 변수 값으로 알 수 있고 픽셀 당 채널의 수와 각 채널당 크기(바이트 단위)는 channels( )와 elemSize1( ) Mat 클래스 멤버 함수 호출로 알 수 있다.

Mat 영상 데이터 메모리 용량 (bits)

= 가로 픽셀수 × 세로픽셀수 × 채널수 × 채널 delpth

= M.columns * M.rows * M.channels( ) * [M.elemSize1( ) *8]

다음은 위 식에 따른 Mat 객체의 데이터 표현을 위한 내부 기억장소 계산 프로그램이다.

```
#include "opencv.hpp"

void main()
{
    cv::Mat M(10, 15, CV_8UC3);
    int ch_depth = M.elemSize1() * 8;
    std::cout << "chennel depth=" << ch_depth << ", channel #=
                         " << M.channels() << std::endl;
    int imagesize = M.cols * M.rows * M.channels() * ch_depth;
    std::cout << "total size = " << imagesize << "bits" <<
std::endl;
}
```

다음은 위 프로그램의 출력이다. 샘플로 만든 M(10,15,CV_8UC3) Mat 객체가 10 × 15 크기이고 8UC3 타입이므로 메모리 용량은 10 * 15 * 8 * 3 bit이 된다.

```
chennel depth=8, channel #= 3
total size = 3600 bits
```

2.2 이미지 픽셀 개별적으로 접근하기

하나하나의 픽셀 데이터를 접근하기 원한다면, Mat 클래스의 at( ) 멤버 함수를 통해서 접근 가능하다. 3채널 컬러 이미지의 픽셀이라면 at<Vec3b>(row_index, column_index)[채널 index]의 형식으로 멤버 함수를 호출하면 되고, 1채널 그레이스케일 이미지의 픽셀이라면 at<uchar>(row_index, column_index)의 형식으로 멤버 함수를 호출하면 된다.

다음은 100 × 200 크기의 이미지의 각 개별 픽셀의 값을, 컬러인 경우 푸른색 또는 밝은 회색으로, 그레이스케일인 경우 흰색(255) 또는 검은색(0)으로 설정하고 출력해 보는 프로그램이다.

```
int main() {
    cv::Mat M(100, 200, CV_8UC3, cv::Scalar(0,0,0)); //컬러
    cv::Mat M2(100, 200, CV_8UC1, cv::Scalar(0)); // grayscale
    int half = (M.rows + M.cols) / 2;

    for (int i = 0; i < M.rows; ++i)
        for (int j = 0; j < M.cols; ++j) {
            if (i + j < half) {
                M.at<cv::Vec3b>(i, j)[0] = 255;
                M.at<cv::Vec3b>(i, j)[1] = 120;
                M.at<cv::Vec3b>(i, j)[2] = 0;
                M2.at<uchar>(i, j) = 255;
        }
        else {
            M.at<cv::Vec3b>(i, j) = cv::Vec3b(120, 120, 120);
        }
    }
    cv::imshow("M", M);
```

```
    cv::imshow("M2", M2);
    cv::waitKey(0);
}
```

다음은 위 프로그램의 출력 화면이다. 좌측은 컬러 이미지 M이고 우측은 그레이스케일 이미지 M2의 출력이다.

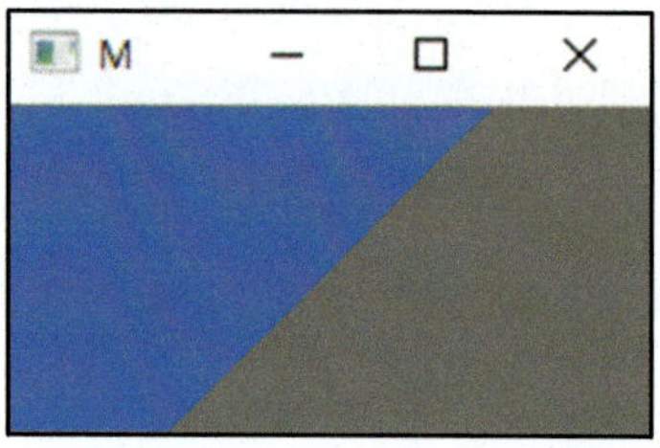

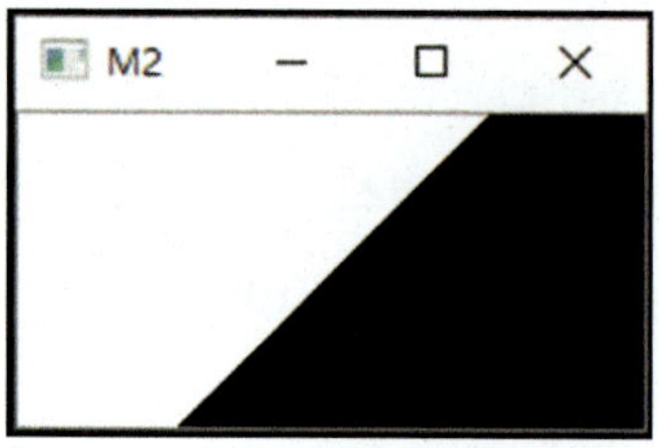

2.3 Mat 객체 복제하기

Mat 객체를 생성할 때, 기존에 존재하는 Mat 객체를 복제해서 생성할 수도 있다. 다음은 M1 객체를 복제하여 M2 객체를 생성하여 두 개를 동시에 보여주는 프로그램이다.

```
Mat M1 (200,300, CV_8UC3, cv::Scalar(255,0,0));  // 파란색 이미지
Mat M2 (M1);  // M2 = M1 과 동일함

imshow("M1", M1);
imshow("M2", M2);
waitKey(0);
```

그런데, M1 또는 M2에 변화를 주면 나머지 한쪽도 똑같은 변화를 받는 것을 확인할 수 있다. 예를 들어, M1의 색을 파란색에서 녹색으로 바꾸면 M2도 따라서 바뀌는 것을 알 수 있다. 다음 코드는 M1을 녹색으로 바꾸기 전후의 M1과 M2를 각기 출력하는 프로그램이다.

```
int main() {
  cv::Mat M1(200, 300, CV_8UC3,
      cv::Scalar(255, 0, 0));
  cv::Mat M2(M1);
  cv::imshow("M1", M1);
  cv::imshow("M2", M2);

  M1 = cv::Scalar(0, 255, 0);
  cv::imshow("M1_new", M1);
  cv::imshow("M2_new", M2);
  cv::waitKey(0);
  return 0;
}
```

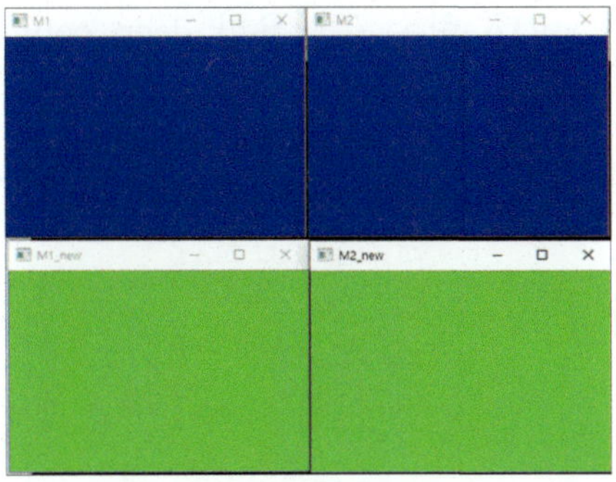

이런 문제의 원인은 Mat 복사 생성자를 이용하여 새로운 Mat 객체를 생성할 경우, 기존 객체와 새로운 객체가 이미지 자체를 나타내는 영상 정보 메모리를 서로 공유하고 있기 때문이다. 즉, 포인터 변수 복사의 경우 포인터가 가리키는 메모리와 같은 크기의 새로운 메모리를 할당받아 메모리 내용까지 복사하는 deep copy를 하지 않고 단순히 포인터값만 복사하는 shallow copy만 했기에 생기는 문제이다.

다음은 shallow copy와 deep copy의 차이를 보여주는 자료구조 개념도이다. 좌측이 shallow copy, 우측이 deep copy의 결과로 생성된 내부 자료구조이다.

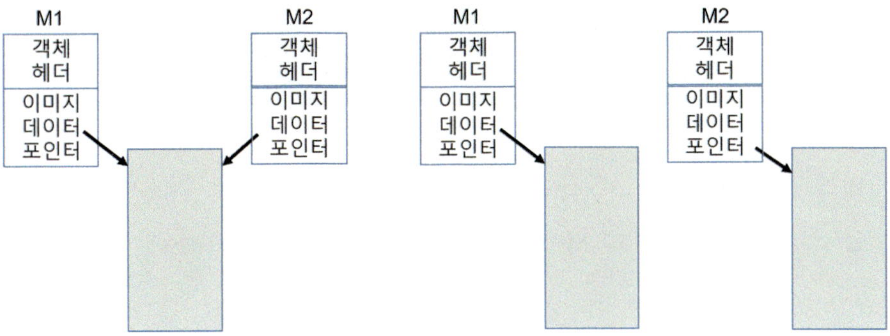

deep copy를 하여 복제된 M2가 M1과는 별개의 독립된 영상 정보 메모리를 가지게 하려면 clone( ) 또는 copyTo( ) 함수를 이용하면 된다. 다음은 Mat 클래스의

copyTo 함수를 이용한 deep copy 방식을 보여주고 있다.

```
int main() {
    cv::Mat M1(200, 300, CV_8UC3, cv::Scalar(255, 0, 0));
    cv::Mat M2;

    M1.copyTo(M2);// M1의 영상정보를 M2에 복사한다.
    cv::imshow("M1", M1);
    cv::imshow("M2", M2);

    M1 = cv::Scalar(0, 255, 0);
    cv::imshow("M1_new", M1);
    cv::imshow("M2_new", M2);
    cv::waitKey(0);
    return 0;
}
```

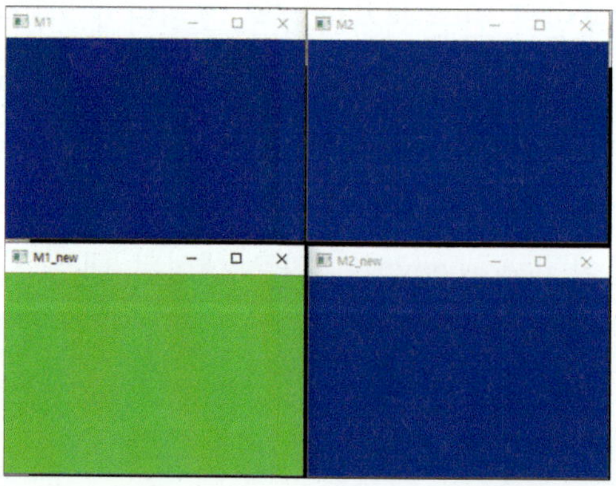

이 실행 결과를 확인해보면 M1의 색을 변경해도 M2는 처음 색을 그대로 유지하고 있음을 알 수 있다. 즉, M1과 M2의 영상정보는 별개의 기억장소에 보관되고 있음을 알 수 있다.

동일한 효과를 거두는 방법은 copyTo 멤버 함수 외에 아래와 같이 clone( )이란 Mat 클래스의 함수를 사용해도 된다.

```
M2 = M1.clone();
```

subwindow 및 이미지 크기 변환

03
CHAPTER

이미 만들어진 이미지의 전체 크기를 비례적으로 변화시키거나, 이미 만들어진 이미지의 일부분만을 새로운 이미지로 정의하는 기능이 OpenCV 함수들 중에 있다.

이미지 크기를 줄이거나 늘이는 함수는 resize( )이다. resize( )의 호출 형식은 다음 두 가지가 가능하다.

(1) 이미지를 width x height로 변환: resize (src, dst, Size(width, height))

(2) 이미지를 (가로 * fx) x (세로 x fy)로 변환: resize (src, dst, Size( ), fx, fy)

src는 입력 이미지를 나타내는 Mat 객체이고, dst는 크기변경 결과를 저장하는 Mat 객체이다. src와 dst를 동일 객체로 하는 것도 가능하다. Size(width, height)는 dst 이미지의 크기를 얼마로 할지 정한 경우에 그 크기를 지정해준다. 만일 dst의 절대 크기 대신 src 이미지를 가로, 세로 방향으로 어떤 비율을 축소 또는 확대할지 정한 경우에는 fx와 fy에 floating point로 크기 변환 비율을 적어주면 된다. 즉, dst의 절대 크기를 정해주는 방식이 (1) 양식이고 dst의 src 이미지에서의 변환 비율을 정해주는 방식이 (2) 양식이다. 예들 들어, 입력 이미지 src의 크기가 500 × 800일 경우에, dst 이미지의 크기를 250 × 400으로 변경할 경우 resize(src, dst, Size(250,400)) 형식의 함수 호출로 가능하다. 입력 이미지를 가로, 세로를 절반으로 줄이고자 할 경우는 resize (src, dst, Size( ), 0.5, 0.5) 같은 형식의 함수 호출로 가능하다.

기존 이미지(src)의 일부를 새로운 Mat 객체(sub)로 정의하는 Mat 클래스 생성자의 형식은 다음과 같다.

```
Mat sub (src, Rect(x, y, width, height))
```

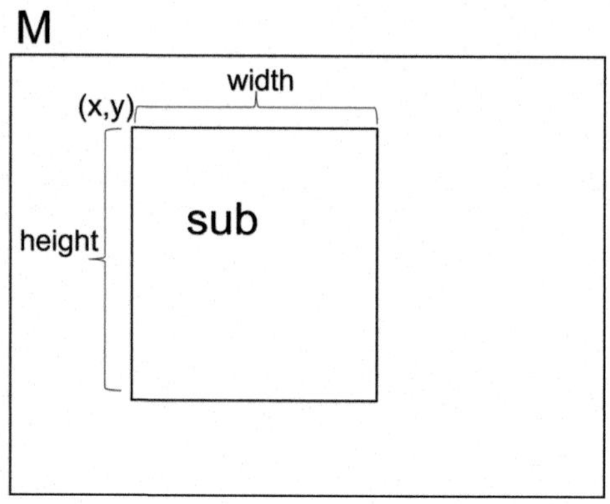

이렇게 정의된 sub란 새로운 객체는 메모리를 src와 공유하게 되어, sub의 내용을 수정하면 원본 src도 따라서 바뀌게 된다.

다음은 flower.png 이미지를 350 × 350 크기로 변환하고 sub1과 sub2의 부분 이미지를 정의한 뒤 sub1의 컬러를 녹색톤으로 바꾸어주는 코드이다.

```
using namespace cv;

int main() {
    Mat M = imread("images\\flower.png");
    if (M.empty())
        return -1;

    resize(M, M, Size(350, 350));
    imshow("M before sub", M);

    Mat sub1(M, Rect(30, 50, 200, 200));
    Mat sub2(M, Rect(150, 150, 200, 200));
    imshow("sub1", sub1);
    imshow("sub2", sub2);

    sub1 = sub1 + Scalar(0, 120, 0); // G 채널값 120 증가

    imshow("sub1+", sub1);
    imshow("sub2+", sub2);
    imshow("M after sub", M);
```

```
        waitKey(0);
    }
```

다음은 위 코드의 출력 결과이다. 좌측은, 원이미지와 sub1 및 sub2 부분 이미지이고, 우측은 sub1의 G 채널 값을 증가시킨 후의 원이미지, sub1, sub2의 결과이다.

이 예제를 통해서 sub 이미지에 대한 접근은 원이미지에 대한 접근과 동일하다는 것을 확인할 수 있다.

04 CHAPTER 컬러공간 변환 및 채널 분리

4.1 컬러 모델

OpenCV에서는 컬러를 기술하는 모델로는 R,G,B의 빛의 3원색의 조합으로 기술하는 방법 외에도 HSV, YUV, Grayscale 등의 다양한 모델을 지원한다.

(1) RGB 모델

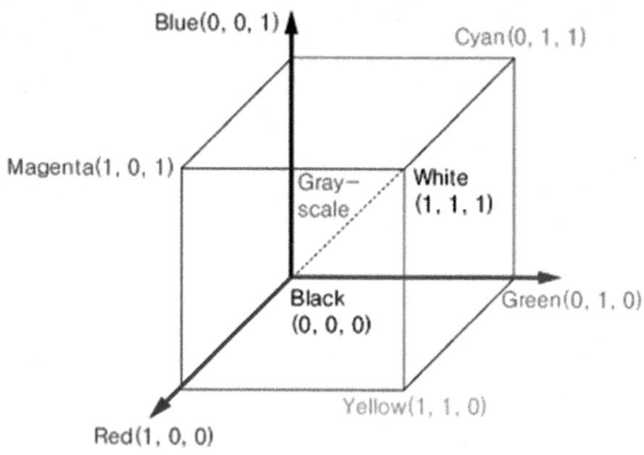

R(Red), G(Green), B(Blue) 3가지 색상의 혼합 비율로 모든 색상을 나타내는 컬러 모델이다. 가장 익숙한 컬러모델로서 OpenCV에서는 색상 성분의 순서를 BGR로 사용한다. Blue:Green:Red=0:1:1로 섞으면 Yellow, Blue:Green:Red=1:1:0로 섞으면 Cyan, Blue:Ged:Red=1:0:1로 섞으면 Magenta가 되고, Green:Blue:Red=1:1:1로 섞으면 3가지 색상값의 0에서 1사이의 세기에 따라 위 3차원 모델 그림에서 White(B,G,R이 모두 1) 와 Black(B,G,R이 모두 0)을 나타내는 두 점을 잇는 직선 상의 임의의 한 점이 되는데 이 색들이 Grayscale(무채색)이다.

(2) HSV 모델: H(색상), S(채도), V(명도)

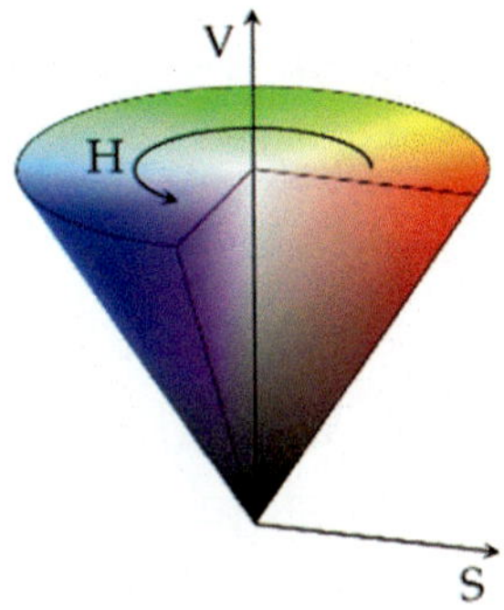

H (Hue)	색상 자체를 의미함(빛의 주파수에 의해서 시각적으로 보이는 붉은색, 노란색, 녹색, 청색, 보라색 등의 색상 이름과 연관)	0~360도 사이 각도로 나타냄 (0도 = 붉은색) OpenCV에서는 각도값을 절반으로 나누어 0~180 사이의 값을 나타냄
S (Saturation)	컬러의 채도(탁도의 반대어)로서 흰색이 색에서 차지하는 비율이 높을수록 탁한 색	가장 탁한 색은 0, 순색의 경우 1.0
V (Value)	색이 얼마나 어두운지, 밝은지를 나타냄	가장 어두운 색은 0.0, 가장 밝은 색은 1.0

HSV 모델이 특별히 유용한 경우는 색깔을 판별할 때 H값의 범위만으로도 어떤 색인지 간단히 판별이 가능하기 때문이다. 예들 들어, 붉은 색 영역만 따로 구분하려면 픽셀별로 HSV 컬러 모델에서 H(openCV에서는 0~180 범위)가 0부근, 180부근인지만 검사하면 된다.

(3) YUV 모델: Y(밝기), U(red의 양), V(blue의 양)

역사적으로 YUV는 흑백TV에서 컬러TV로의 기술이동 시기에 컬러 영상 정보를 기존 흑백TV에서도 수신할 수 있도록 하기 위하여 고안된 컬러 모델이다. 컬러 TV는 YUV 3가지 성분을 모두 이용하여 완전한 색상값을 추출하여 컬러 방송을 시청할 수 있도록 하고, 흑백TV에서는 YUV 신호에서 Y 신호 값만을 추출하여 흑백 방송으로 시청할 수 있도록 해주는 장점이 있다. 또한, 사람의 시력 감각은 밝기를 구분하는 민감도에 비해서 색상을 구분하는 민감도가 약하다는 점에 착안하여 UV 신호는 Y값에 비해서 샘플링 빈도를 낮추어 적은양의 정보만을 전달하여도 자연스런 컬러 영상 복원이 가능하게 하여 영상 신호 압축의 효과도 낼 수 있는 장점이 있는 컬러모델이 YUV이다. 다음 그림은 Y=0.5로 고정하고 가로방향으로 U값을 0~1로 점진적으로 변화시키고 V값을 Y축 방향으로 0~1로 변화시킨 결과 색상값이다. 즉, 왼쪽 위 모서리는 U=V=0인 색(green)이고, 오른쪽 위 모서리는 U=1, V=0인 색(red)이고, 오른쪽 아래는 U=V=1인 색(magenta), 왼쪽 아래 모서리는 U=0, V=1인 색(blue)이다.

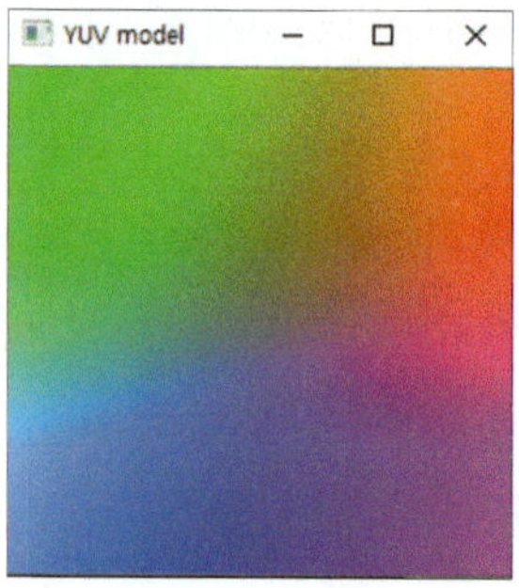

(4) Grayscale 모델

grayscale 영상이란 픽셀별로 0에서 255 사이 한 개의 정수값만을 가지는 영상이다. 컬러 영상은 3개의 채널 정보를 사용하기 때문에 한 픽셀이 24비트로 표현되어 영상처리시 복잡도가 높아진다. BGR 모델의 컬러영상을 grayscale로 변환하려면 다음 식으로 BGR 성분의 가중합을 구하면 grayscale 픽셀값이 된다.

$$Y = 0.114 * B + 0.587 * G + 0.299 * R$$

밝기 성분에서 대략 Green 성분 세기가 60%, Red 성분의 세기가 30%, Blue 성분이 10%의 비중으로 반영된다. 즉, Green 채널의 밝기 영상이 grayscale과 가장 유사하다.

컬러영상을 grayscale 영상으로 변환하면 적은 정보만으로 영상에서 물체를 식별하거나 관심영역을 구분하는 것이 가능하다. 예를 들어, 도로 사진에서 차선을 추출하거나, 동영상에서 고정 배경과 움직이는 전경을 구분하는 하는 등의 연산에 앞서 gray-scale로의 변환을 먼저하고 영상 처리 알고리즘이 적용된다.

4.2 컬러 모델 변환 함수

Mat 객체에 저장된 컬러값의 모델을 변환시키는 (컬러 공간을 변화시키는) 함수는 다음 형식의 cvtColor 함수이다.

```
cvtColor(src, dst, flag);
```

src는 입력 Mat 객체, dst는 출력 Mat 객체이고 flag는 컬러 변환을 지시하는 내용이다. 다음은 flag 인자의 다양한 값들이다.

COLOR_BGR2YUV : BGR 컬러 모델을 YUV 컬러 모델로 변환시킨다.
COLOR_BGR2HSV : BGR 컬러 모델을 HSV 컬러 모델로 변환시킨다.
COLOR_BGR2GRAY : BGR 컬러 모델을 Grayscale 단색 모델로 변환시킨다.
COLOR_YUV2BGR : YUV 컬러 모델을 BGR 컬러 모델로 변환시킨다.
COLOR_HSV2BGR : HSV 컬러 모델을 BGR 컬러 모델로 변환시킨다.

다음은 컬러 모델 변환 예제 코드이다.

```
int main() {
    Mat M = imread("images\\girl_faces.jpg");
    Mat yuv, hsv, gray;

    cvtColor(M, gray, COLOR_BGR2GRAY);
    cvtColor(M, yuv, COLOR_BGR2YUV);
    cvtColor(M, hsv, COLOR_BGR2HSV);

    vector<Mat> hsv_ch(3);
    vector<Mat> yuv_ch(3);

    split(hsv, hsv_ch);
```

```
    split(yuv, yuv_ch);

    imshow("org", M);
    imshow("gray", gray);
    imshow("H", hsv_ch[0]);
    imshow("S", hsv_ch[1]);
    imshow("V", hsv_ch[2]);
    imshow("hsv", hsv);
    imshow("Y", yuv_ch[0]);

    waitKey(0);
    return 0;
}
```

다음은 위 코드의 실행 결과 출력된 이미지들이다. grayscale로 변환한 gray 이미지와 YUV의 Y, HSV의 V 채널 이미지가 매우 유사함을 알 수 있다. HSV 컬러 모델의 각 채널을 따로 출력한 이미지는 그레이스케일 이미지인데 H 채널 출력에서 피부색 영역이 어둡게 표현된 것은 피부색이 붉은색 계통이라 H값이 0에 가깝기 때문이다. hsv 모델을 그대로 imshow로 출력한 이미지는 이상한 색상으로 출력되었는데 그 이유는 imshow( )가 HSV 모델을 BRG로 해석하여 출력했기 때문이다(H는 Blue, S는 Red, V는 Green으로 해석하여 출력함). 참고로, imshow( ) 함수는 입력 이미지 객체가 3채널이면 BGR 컬러 모델로 표현되어 있다는 전제로하고, 1채널이면 grayscale 이미지로 해석하여 출력한다. 마지막 영상(hsv)은 원이미지에서 배경이 되는 흰색은 밝기 때문에 배경 픽셀들의 V가 255에 가깝다. 이는 BGR에서는 Red가 255에 가까운 것으로 해석이 되어 hsv 출력에서 이미지 배경은 붉게 나온 것이다.

4.3 이미지 채널 나누기

3채널로 된 이미지를 1채널짜리 3개의 이미지로 분리하거나 반대로 채널이 분리된 이미지 여러 개를 하나의 이미지로 만드는 작업을 소개하겠다.

3채널 컬러 이미지를 3개의 1채널 그레이스케일 이미지로 나눈다는 것은 Blue, Green, Red를 표현하는 그레이스케일 이미지 3장이 만들어진다는 뜻이다.

이미지를 채널 단위로 쪼개는 함수는 아래 형식의 split 함수이다.

split (입력이미지 객체, 출력 이미지 저장 객체)

입력 이미지가 3채널 이미지 타입 Mat(N, M, CV_8UC3) 객체라면 출력 이미지 저장 객체는 1채널 이미지를 원소로 가지는 Vector 타입이다. 즉, Vector<Mat> 타입이다.

위와 정반대의 기능을 하는 함수는 merge이다. merge에서 입력 이미지 객체는 Vector<Mat>이 된다. 다음은 merge 함수의 호출 형식이다.

merge (입력 이미지 객체, 출력 이미지 객체)

다음은 원이미지의 채널 분할 후 B, G 채널의 값을 절반으로 줄인 후 다시 merge 하는 예제이다.

```
void main()
{
Mat img= imread(name, IMREAD_COLOR);
resize(img, img, Size(200, 200.0 * img.rows/ img.cols));
```

```
imshow("org", img);

vector<Mat> channel;
split(img, channel);
char wname[10];
for (inti= 0; i< img.channels(); i++) {
    sprintf(wname, "ch%d", i);
    imshow(wname, channel[i]);
}
Mat merged;
    channel[0] = channel[0]/2;
    channel[1] = channel[1]/2;
    merge[channel, merged);
    imshow("mrg", merged);
    waitKey(0);
}
```

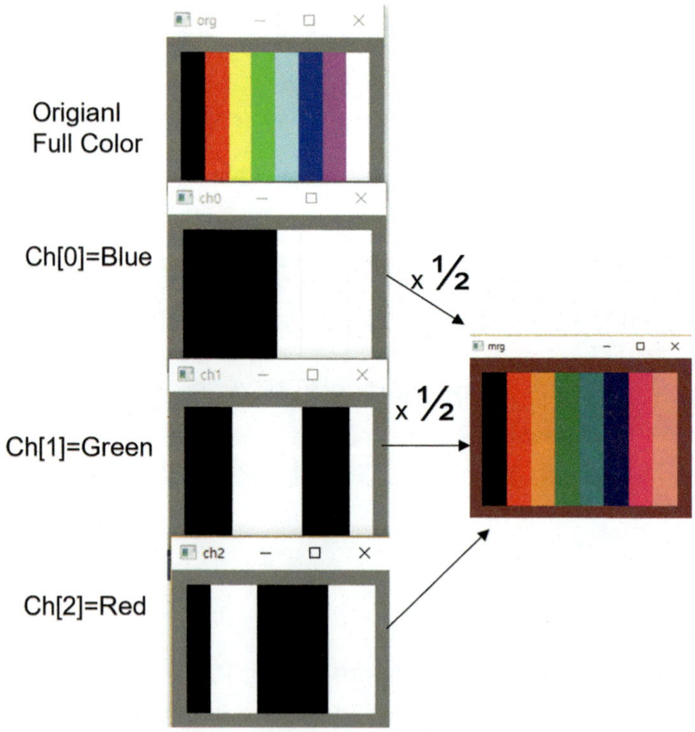

05 CHAPTER 영상 파일 입출력

5.1 정지영상 출력

기존의 이미지 파일을 읽어서 화면에 출력하려면 imread 함수를 사용하면 된다.

```
Mat imread(file_name, mode)
```

- file_name: 정지영상 파일 이름(경로 포함)으로 string 타입이다.
- mode: IMREAD_GRAYSCALE (0) 또는 IMREAD_COLOR (1)의 정수값이다. 1이면 읽어들인 이미지를 컬러로 Mat에 저장하라는 의미이고 0이면 grayscale로 변환하여 Mat 객체에 저장하라는 의미이다. (default는 1=IMREAD_COLOR)
- 함수의 return 값은 읽어들인 이미지를 저장한 Mat 객체이다.

아래는 images 폴더 아래의 flower.png 파일을 읽어서 화면에 출력하는 프로그램이다.

```
#include "opencv.hpp"
int main() {
    cv::Mat M;

    M = cv::imread("images\\flower.png",1);
    if (M.empty())
        return -1;
    cv::imshow("flower", M);
    cv::waitKey(0);
}
```

위 프로그램에서 imread 함수의 두 번째 인자값을 1로 두었는데, 이는 입력 이미지를 컬러 이미지로 저장하라는 뜻이다. 이를 0으로 지정하면 grayscale 이미지로 저장

하게 된다.

5.2 동영상 출력

다음은 동영상 파일을 읽어서 동영상을 보여주는 플레이어를 구현한 프로그램이다. waitKey( ) 함수의 인자는 한 프레임을 보여주는 시간이므로 30 fps 동영상일 경우 한 프레임 출력시간은 1000/30 ms이므로 약 30의 값이면 된다. 이 프로그램은 동영상 플레이 중 스페이스 바를 누르면 정지와 재생의 상태가 토글되며 어느 때라도 ESC 키를 입력하면 프로그램이 바로 종료된다.

```
#include "opencv.hpp"

using namespace cv;

int main() {
    VideoCapture capture("images\\highway2.mp4");
    Mat frame, grayImage;
    bool stop = false;
    for (; ; ) {
        if (!stop) {
            capture >> frame;
            if (frame.empty())
                break;
        }
        imshow("frame", frame);
        int key = waitKey(30);
        if (key == ' ')
            stop = !stop;
        else if (key == 27)
            break;
    }
}
```

동영상 파일의 경로가 정확한데 아래와 같은 메시지가 출력되고 프로그램이 종료될 수 있다. 이 경우는 FFMEPG이 제대로 설치되지 않아서 발생하는 문제이므로 opencv를 다운로드 받은 폴더 아래의 build\x64\vc15\bin에서 opencv_ffmpeg3410.DLL 화일을 찾아 현재의 프로젝트 폴더에 복사해 두면 문제가 해결된다.

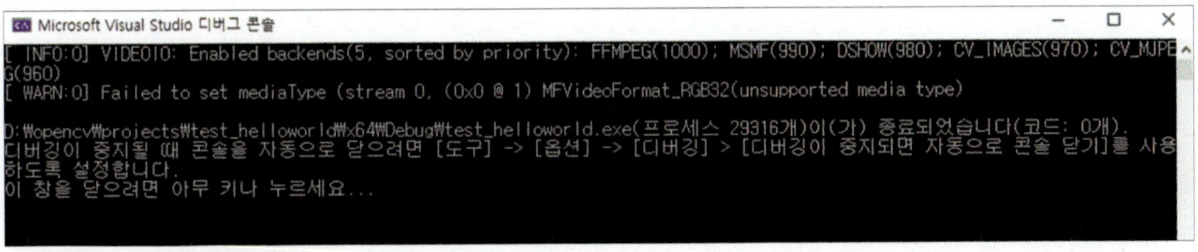

5.3 정지영상 파일로 저장하기

Mat 자료구조로 표현된 컴퓨터 메모리 상의 이미지를 물리적인 파일로 출력해 디스크에 저장할 수 있다. imwrite( ) 함수를 이용하면 가능하다.

```
imwrite(file_name, image_object);
```

file_name은 확장자를 png 또는 jpg 등 이미지 파일 확장자를 붙여준 이름이어야 한다. image_object는 저장하려는 이미지를 나타내는 Mat 객체이다. 다음은, flower.png 파일의 이미지에 Red 채널 값을 증가시켜 'M.png' 화일로 저장하는 코드이다.

```
int main() {
    Mat M = imread("images\\flower.png");

    M += Scalar(0, 0, 100);
    imwrite("M_pink.png", M);
}
```

도형 및 텍스트 그리기

06 CHAPTER

기존 이미지 상에 선이나 도형을 그릴 수 있다. 기존 이미지 위에 어떤 그림을 그린다는 것은 Mat 클래스로 표현된 이미지 데이터의 픽셀값을 변경하는 것을 의미한다.

다음의 openCV 함수 호출로 선그리기, 직사각형 그리기, 원그리기, 문자 출력이 가능하다.

(1) 선그리기

```
void line(img, pt1, pt2, color, thickness=1, int lineType=8,
int shift=0)
```

line 함수 설명에 나오는 함수 인자의 의미는 다음과 같다.

- img: 선을 그릴 입력 및 출력 Mat 객체
- pt1, pt2 : 이미지 상의 선의 양끝점 좌표를 나타내는 Point 객체
- color: 선의 색을 나타내는 Scalar 객체
- thickness: 선의 굵기를 나타내는 int 객체이다. 기본값은 1이다. (음수값은 도형의 내부를 채우는 것을 의미)

(2) 직사각형 그리기

아래는 rectangle 함수 설명이다. 두 가지 형식으로 직사각형의 위치 및 크기 지정이 가능하다. 첫 번째 방법은 2개의 Point를 이용해서 직사각형의 양끝점을 지정하는 방법이 이고, 두 번째 방법은 Rectangle 객체를 이용해서 직사각형의 모양을 나타낸다.

```
void rectangle(img, pt1, pt2, color, thickness=1, int line-
Type=8, int shift=0)
```

```
void rectangle(img, rect, color, thickness=1, int lineType=8,
int shift=0)
```

(3) 원 그리기

```
void circle(img, center, radius, color, thickness=1, int
lineType=8, int shift=0)
```

circle 함수 인자의 의미는 다음과 같다.

- center: 원의 중점 좌표를 나타내는 Point 객체
- radius: 원의 반지름을 나타내는 int 객체

(4) 문자 그리기

다음은 이미지(img) 위에 문자 메시지를 표시할 때 사용할 수 있는 putText 함수이다.

```
void putText(img, text, org, fontFace, fontScale, color,
thickness=1, lineType=8, bool bottomLeftOrigin=false)
```

아래 함수 설명에서 인자들의 의미는 다음과 같다.

- img: 입출력 Mat 객체
- text: 출력할 문자열 string 객체
- fontFace: 폰트 이름

  예를 들어, FONT_HERSHEY_SIMPLEX, FONT_HERSHEY_PLAIN, FONT_HERSHEY_DUPLEX, FONT_HERSHEY_COMPLEX 등이 있다.
- fontScale: 출력할 문자의 크기 비율 floating-point (1.0: 원래크기, 1 이하: 축소, 1 이상: 확대)
- color: 글자 색깔
- thickness: 글자의 선굵기

다음은 위의 여러 그리기 함수들을 종합적으로 테스트하는 프로그램이다.

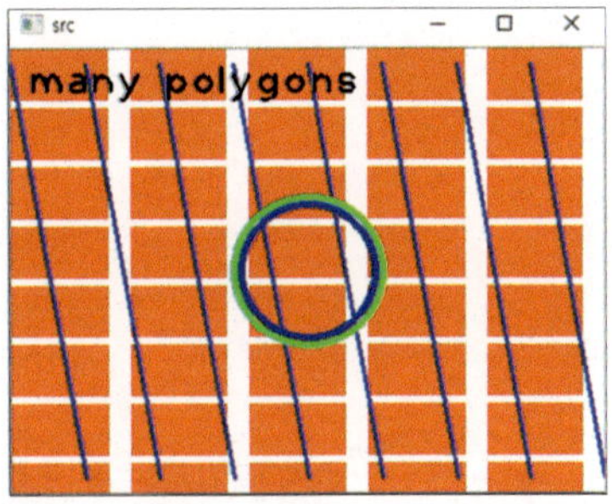


```
int main() {
    Mat src(300, 400, CV_8UC3,
        Scalar(255, 255, 255));
    Scalar dark_blue(250, 50, 50);
    Scalar orange(0, 100, 250);

    for (int i = 0; i < src.cols;
         i += 80)
        for (int j = 0; j < src.rows; j += 40)
            rectangle(src, Rect(i, j, 65, 35), orange,-1);

  for (int i = 0; i < src.cols; i += 50)
        line(src, Point(i, 10), Point(i + 50, src.rows - 10),
                    dark_blue, 2);

    circle(src, Point(src.cols / 2, src.rows / 2), 50,
                          Scalar(50, 200, 0), 3);
    circle(src, Point(src.cols / 2, src.rows / 2), 45,
                          Scalar(200, 50, 0), 3);

    putText(src, string("many polygons"), Point(10, 30),
            FONT_HERSHEY_PLAIN, 1.8, Scalar(0, 0, 0), 2);

    imshow("src", src);
    waitKey(0);
}
```

위 코드에서 Scalar 객체 두 개는 색을 나타내는 목적으로 사용되는 것이고, Point 클래스의 객체는 2차원 좌표상의 하나의 점을 표시하는 (x,y) 좌표를 나타내는 것이다. rectangle 함수 호출에서 thickness 인자값을 −1로 주었기 때문에 사각형의 테두리가 아닌 내부를 주황색으로 채우게 된 것이다.

07 CHAPTER 간단한 영상 변환

7.1 좌우, 상하 대칭

```
flip(src, dst, flipCode)
    flipCode값
    0: flipping around x-axis (상하 대칭)
    1 : flipping around y-axis (좌우 대칭)
```

다음은, flip 함수를 테스트하는 프로그램 예시이다.

```
int main() {
    Mat M1 = imread("images\\house.tif",0);
    Mat M3;

    imshow("M1", M1);
    flip(M1, M3, 0); // vertical flip
    imshow("0", M3);
    flip(M1, M3, 1); // horizontal flip
    imshow("1", M3);
    waitKey(0);
}
```

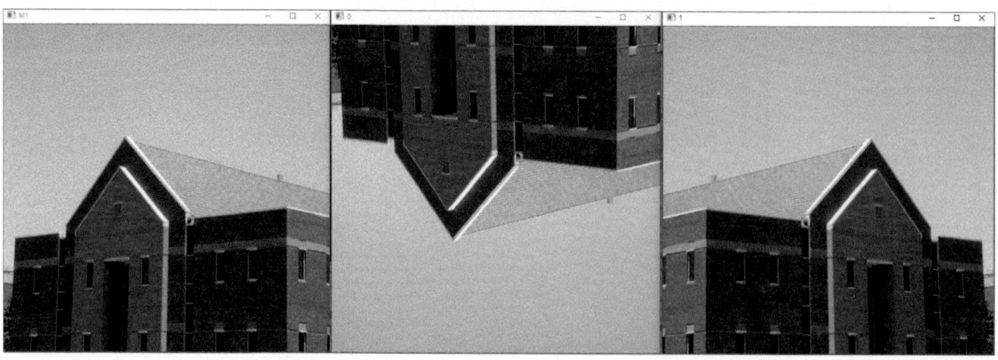

7.2 이미지 대상 논리 연산

픽셀들 간에 논리 OR, 논리 AND, 논리 XOR, 논리 NOT 연산을 할 수 있다.

```
bitwise_or(src1, src2, dst, mask=noArray())
```

- src1: input Mat or scalar
- src2: input Mat or scalar
- dst: output Mat that has same size and type as input arrays
- mask : optional operation mask, 8-bit single channel array
- dst(I) = src1(I) V src2(I) if mask(I) ==1

```
bitwise_and(src1, src2, dst, InputArraymask=noArray())
```

```
bitwise_xor(src1, src2, dst, InputArraymask=noArray())
```

```
bitwise_not(src1, dst, mask=noArray())
```

위에서 src1, src2는 Mat 입력 객체이고, dst는 출력 저장 Mat 객체이다.

7.3 이미지 대상 산술 연산

Mat 객체끼리의 더하기, 빼기 및 Mat 객체와 Scalar값 간의 덧셈, 뺄셈, Mat 객체와 정수(a)의 곱셈 등이 허용된다.

(1) Mat + Mat, Mat - Mat
(2) Mat + Scalar, Mat + a
(3) a * Mat, Mat / a

```
int main() {
    Mat M1 = imread("images\\house.tif",0);
    Mat M2 = imread("images\\cameraman.tif",0);
    Mat M_color = imread("images\\flower.png", 1);
```

```
Mat M3;

if (M2.empty() || M1.empty())
    return -1;

resize(M1, M1, Size(300, 300));
resize(M2, M2, Size(300, 300));

imshow("M1", M1);
imshow("M2", M2);
imshow("M_color", M_color);

M3 = M1 + M2;
imshow("M1+M2", M3);

M3 = M1 - M2;
imshow("M1-M2", M3);

M3 =  M2 + 100;
imshow("M3+100", M3);

bitwise_or(M1, M2,M3);
imshow("or", M3);

bitwise_and(M1, M2, M3);
imshow("and", M3);

bitwise_not(M2, M3);
imshow("not", M3);

M3 = M1 * 2;
imshow("M1*2", M3);
M3 = M1 / 2;
imshow("M1/2", M3);

M3 = M_color + Scalar(200, 0, 0);
imshow("M_color+green", M3);
M3 = M_color / 2;
```

```
    imshow("M_color/2", M3);
    M3 = M_color * 2;
    imshow("M_color*2", M3);
    waiKey(0);
}
```

다음은 위 프로그램의 출력 이미지이다.

08 노이즈 제거

CHAPTER

컴퓨터로 합성한 이미지가 아닌 자연으로부터 획득한 입력 이미지에는 노이즈(noise)가 항상 있기 마련이다. 노이즈 발생은 자연광 자체가 가지는 특성이기도 하고 이미지 센서에서 빛 신호를 샘플링하면서 반도체 내부에서 신호 왜곡이 발생하기도 하기 때문에 생긴다.

노이즈를 제거하기 위한 필터의 설계는 대개 convolution 연산을 이용한다. 다음은 행렬 3x3 행렬인 A와 B의 convolution 연산의 예시이다.

$$A * B = \begin{pmatrix} a_1 & a_2 & a_3 \\ a_4 & a_5 & a_6 \\ a_7 & a_8 & a_9 \end{pmatrix} * \begin{pmatrix} b_1 & b_2 & b_3 \\ b_4 & b_5 & b_6 \\ b_7 & b_8 & b_9 \end{pmatrix} = \sum_{i=1}^{9} a_i b_i$$

OpenCV에서는 사용자가 커널의 coeffieicnt값을 임의로 설정해서 커스텀화된 필터를 만들 수 있도록 범용 필터 함수인 filter2D( )를 제공하고 있다. 이 필터 함수는 입력 영상을 스캔하면서 각 픽셀별로 픽셀을 둘러싼 일정크기의 영역의 픽셀값들과 커널의 계수들을 곱하고 더하는 convoultion 연산을 수행하여 새로운 이미지를 생성한다.

```
filter2D(src, dst, ddepth, kernel)
```

위 함수의 인자들의 의미를 설명하자.

- src, dst, kernel은 모두 Mat 타입의 객체이다.
- src: 입려 이미지 Mat 객체
- dst: 출력 이미지 Mat 객체
- kernel: 3 × 3, 5 × 5, 7 × 7 등의 2차원 계수들의 집합을 표현한 Mat 객체
- ddepth: 출력 이미지의 픽셀 타입을 의미한다. 예를 들어 커널 적용 후 양의 정수만 생성될 경우 CV_8UC1이 적합할 것이고, 양의 정수와 음의 정수가 모두 가능

할 경우 CV_16SC1이 적합할 것이고, 실수형 값이 생성될 경우 CV_32FC1이 적합한 타입이 될 것이다.

convolution 연산을 이용한 노이즈 제거 필터 중 많이 사용되는 것은, 평균 필터와 가우시안 필터이다. 이 두 필터에 대한 상세한 설명과 함께 이 필터를 사용하기 편하도록 하는 openCV 라이브러리에서 제공하는 전용 함수를 다음에 소개한다.

입력 이미지에 있는 노이즈를 제거하는 방식의 기본 아이디어는 인접한 픽셀들 간에는 갑작스럽게 값이 바뀌지 않을 것이란 가정에 기반한다. 따라서, 바로 인접 픽셀 간의 값 차이가 두드러진다면 노이즈로 인식하고 주변 픽셀들 평균값으로 노이즈를 제거하거나 완화시키는 것이 노이즈에 대한 기본적 제거법이다. 가장 단순한 노이즈 제거 방법은 평균 필터(Mean filter)가 된다. 아래 그림에서 가운데 픽셀값의 왜곡을 보정하기 위해서 평균 필터를 적용한다면 가운데 있는 픽셀 값은 6에서 (8+3+4+1+7+5+4+7+6)/9 = 5로 바뀌게 된다.

모든 픽셀들의 평균을 구하기 위해서 3 × 3 = 9개(자기자신과 인접한 8개)의 픽셀을 이용하여 평균값을 취할 수 있다. 만일 주변의 범위를 넓혀서 5 × 5 = 25개, 7 × 7 = 49개, 9 × 9 = 81개의 픽셀을 이용하여 평균을 구하면 노이즈를 더욱 잘 억제할 수 있으나 주변 범위를 넓힐수록 원래 이미지도 손상되는 정도가 심해진다는 문제가 있다. 이때 평균을 구하기 위하여 주변 픽셀의 범위를 정의하는 수단을 mask 또는 kernel이라고 한다. 다음은 Mean 필터링을 구하는 openCV 함수이다.

```
blur(img, blurred, Size(i, i));
```

위 함수에서 img는 입력 Mat 객체, blurred는 출력 Mat 객체이고 Size(i,i)는 평균을 구하기 위한 kernel의 크기이다. (i는 3 이상의 홀수이어야 한다.)

평균 필터에서는 노이즈를 제거할 때 모든 인접 픽셀들의 중요도를 동일하게 보고 있다. 그러나, 가우시안 필터(Gaussian Filter)는 멀리 있는 픽셀의 가중치는 낮게 하고 가까이 있는 픽셀의 가중치를 높여서 평균값 계산시 가중치를 거리에 따라 달리 조정하는 방식으로서, 노이즈 제거 성능은 더 높이면서 원 이미지의 손상도는 어느 정도 줄이는 방법이다. 우측은 가우시안 필터에서 커널의 크기가 5 × 5일 때 가운데 픽셀값 보정을 위한 인접 픽셀들의 가중치 값을 보여주고 있다.

$$\frac{1}{273}\begin{bmatrix} 1 & 4 & 7 & 4 & 1 \\ 4 & 16 & 26 & 16 & 4 \\ 7 & 26 & 41 & 26 & 7 \\ 4 & 16 & 26 & 16 & 4 \\ 1 & 4 & 7 & 4 & 1 \end{bmatrix}$$

```
GaussianBlur(img, blurred, Size(i, i), sigmaX, sigmaY);
```

위 함수에서 sigmaX와 sigmaY는 X와 Y 방향의 표준편차이고 이 값이 클수록 가까이 있는 픽셀의 가중치는 커지고 멀리 있는 픽셀의 가중치는 작아진다. sigmaX와 sigmaY를 0으로 두면 표준편차값은 내부적으로 적절한 값으로 자동 계산된다. 다음은 노이즈 이미지에 대해서 mean 필터(윗줄)와 Gaussin 필터를 적용한 결과 그림이다. 그림의 우측으로 갈수록 필터 커널의 크기를 증가시켰다(각각 커널의 크기가 5 × 5, 11 × 11, 17 × 17이다) 커널 크기가 커지면 노이즈 제거가 잘되지만 결과 영상은 흐려지면서 훼손이 심해지는 것을 알 수 있다. 가위안 필터가 평균 필터에 비해서 결과 이미지 훼손이 덜한 것도 알 수 있다.

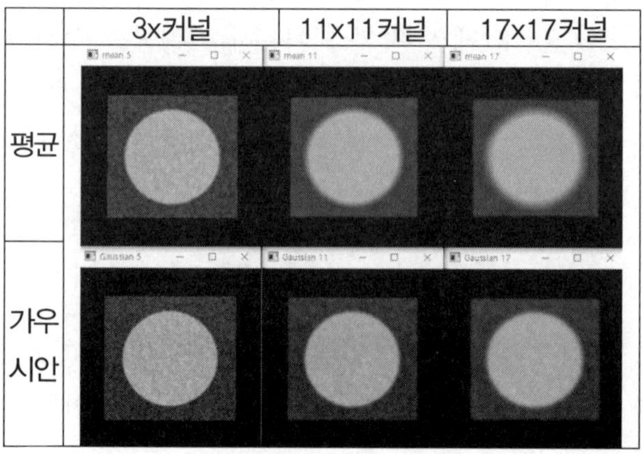

위 그림은 왼쪽 이미지에 대해서 평균 및 가우시안 필터링을 한 예시이다. 이 그림에서 위쪽 열은 평균 필터를 적용한 결과이고 아래쪽 열은 가우시안 필터를 적용한 결과이다. 각 열의 좌측에서 우측으로 갈수록 커널의 크기를 5, 11, 17로 증가시키면서 적용하였다.

또 다른 필터의 유형으로는 Median(중간값) 필터가 있다. 노이즈 제거 방법으로 주변 픽셀들의 평균치를 계산하는 것이 아니라 주변 픽셀들의 값을 크기순으로 소팅하고 가운데 값을 새로운 픽셀 값으로 선정하는 방법이다. 이 필터는 특히 노이즈가 점으로 나타나는 papper & salt 노이즈의 제거에 효과가 좋다. 다음은 중간값(median) 필터 함수이다.

```
medianBlur(img, blurred, ksize)
```

- img: 입력 이미지 (MAt 형)
- blurred: 출력 이미지 (Mat 형)
- ksize: 커널의 크기 (int 형)

다음은 그림은 salt & papper 노이즈에 mean filter 및 Gaussian filter를 적용한 결과이다. 커널의 크기를 키워도 가우시안 필터에서는 노이즈 제거가 잘 안되는 것을 알 수 있다.

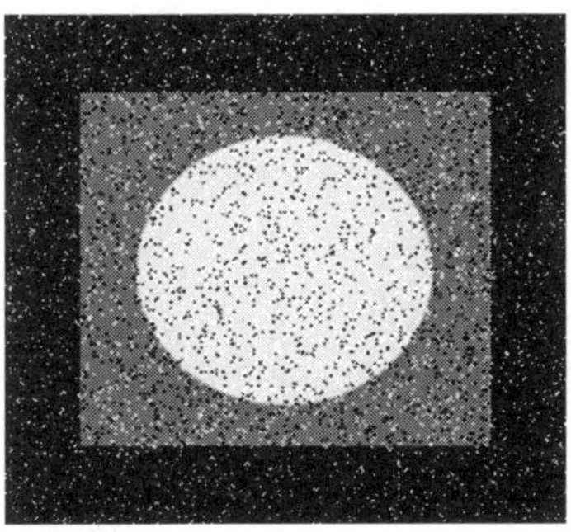

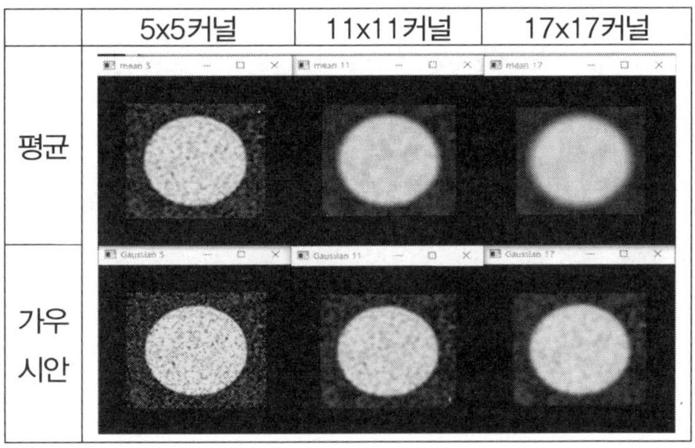

반면, 다음은 Median 필터를 적용한 결과이다. 노이즈가 완전히 사라진 것을 시각적으로 확인할 수 있다. 맨 왼쪽부터 커널크기=3,11,17이다. 적은 크기의 커널을 적용해도 원본 이미지 손상없이 노이즈를 완전히 제거할 수 있다.

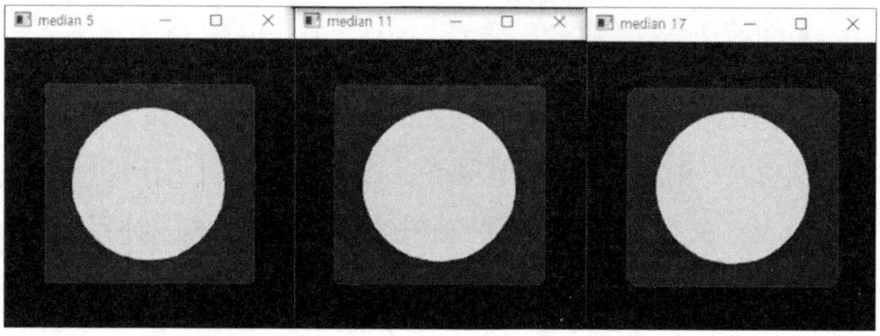

kernel size = 5 kernel size = 11 kernel size = 17

노이즈는 제거하면서도 경계선은 선명하게 유지하는 필터로서 bilateral 필터가 있다. 에지 부분을 따로 인식해서 에지가 없는 부분에만 필터를 적용하는 방식이다.

```
bilateralFilter(img, blurred, d, sigma_color, sigma_space)
```

- d는 필터링에 사용되는 인접 영역의 크기이다.
- sigma_color: 유사 컬러값으로 간주하는 컬러 값의 범위이다. 이 값이 클수록 이웃한 픽셀 중 멀리 떨어진 컬러값들을 같은 컬러로 간주하여 필터링을 한다.
- sigma_space: 유사한 컬러 픽셀인 경우 필터링의 공간적인 범위이다. 이 값이 클수록 같은 컬러로 간주되는 픽셀들 중에 공간적으로 멀리 떨어진 픽셀이 필터링 결과에 영향을 더 미치게 된다.

다음 그림은 d=5, 25, color_sigma=10, 30 space_sigma=10, 25로 바꾸면서 bilateral 필터를 적용한 결과 이미지이다.

	color_sigma=10	color_sigma=10	color_sigma=30	color_sigma=30
	space_sigma=10	space_sigma=25	space_sigma=10	space_sigma=25
d=5	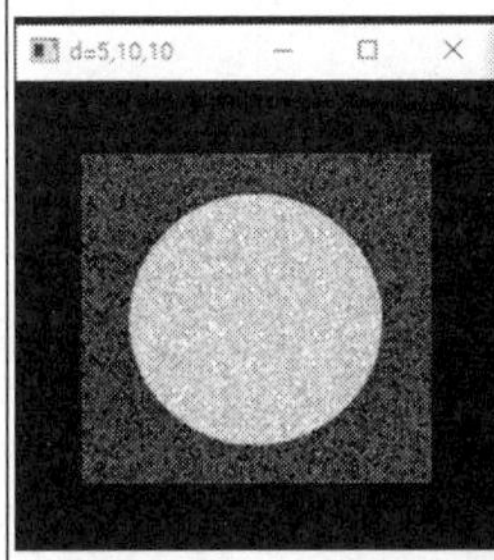		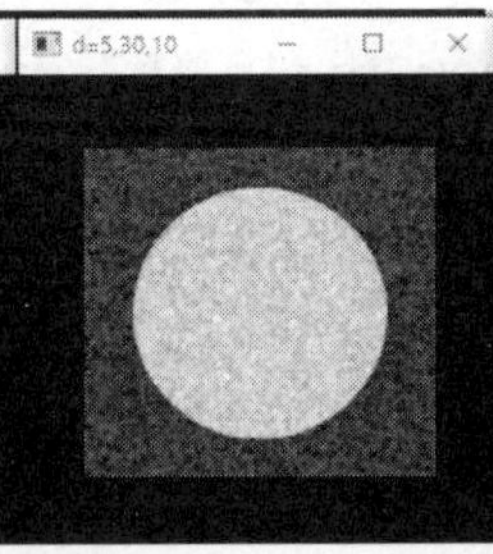	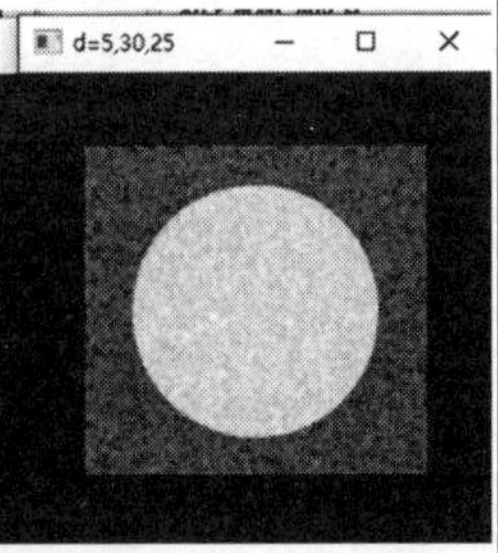
d= 25		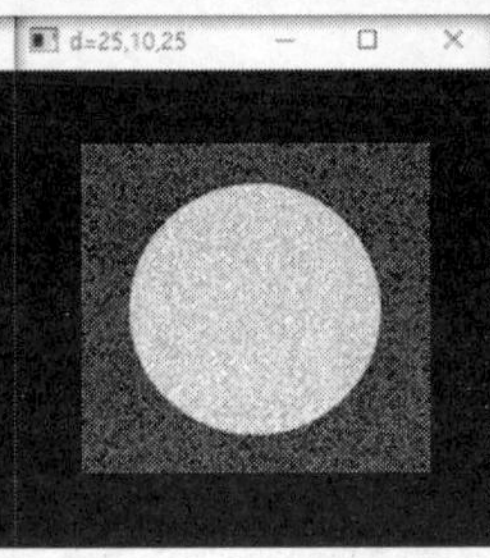	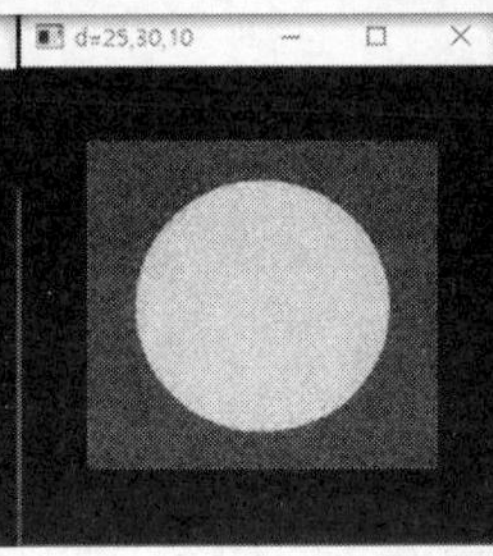	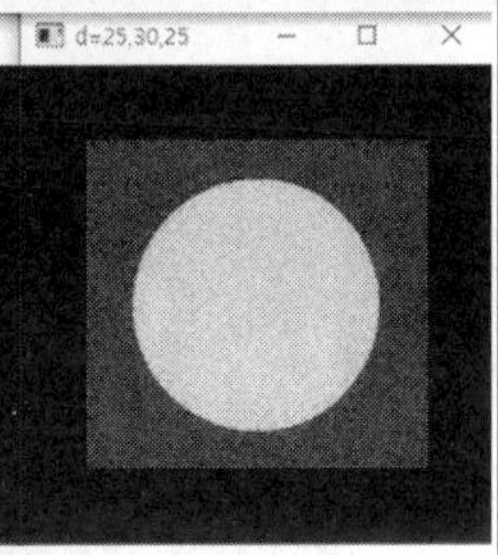

위 실험 결과를 보면, d, color_sigma, space_sigma가 모두 큰 값일 경우 결과가 더 나아 보인다. 일반적으로 bilateral filter의 d, sigma 등의 파라미터를 입력 이미지의 특성에 잘 맞게 조절해줄 경우 mean 필터나 Gaussian 필터에 비해서 노이즈 제거에 더 효과적이다.

다음은 mean, Gaussian, median, bilateral 등 여러 가지 노이즈 제거 필터들의 효과를 종합적으로 비교하는 코드이다.

```
int main() {
    Mat img = imread("images\\filter_uniform.tif", 0);
    Mat blurred;
    for (int i = 5; i < 20; i += 14) {
        blur(img, blurred, Size(i, i));
        string title = "mean" + to_string(i);
        imshow(title, blurred);
        GaussianBlur(img, blurred, Size(i, i), 0, 0);
        title = "Gaussian" + to_string(i);
```

```
            imshow(title, blurred);
            medianBlur(img, blurred, i);
            title = "median" + to_string(i);
            imshow(title, blurred);
            bilateralFilter(img, blurred, i, i * 2, i / 2);
            title = "bilateral" + to_string(i);
            imshow(title, blurred);
        }
        waitKey(0);
    }
```

다음은 위 프로그램의 실행 결과를 보여주고 있는 그림이다.

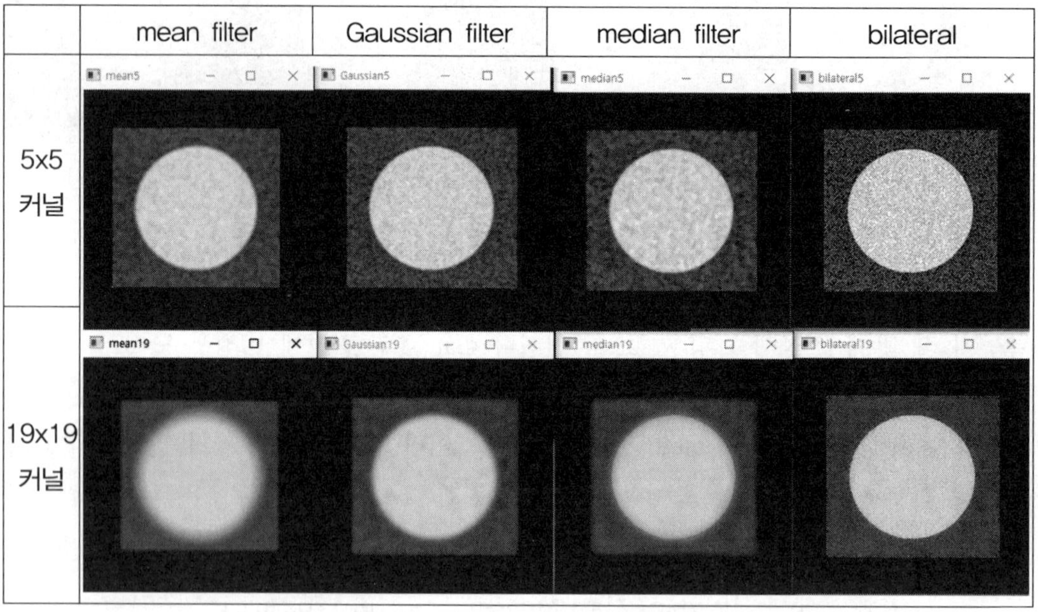

이진화 및 thresholding

09 CHAPTER

영상처리는 대개 관심영역 설정 → 그레이스케일로 변환 → 노이즈 제거 → 이진화 → 영상 정보 추출 의 순서로 이루어진다.

이진화(binarization)는 영상에서 관심이 있는 부분과 나머지 부분을 나누는 연산으로, 인식할 대상 영역은 특정 색(예: 흰색)으로 설정하고 나머지 영역은 또 다른색(예: 검은색)으로 설정한다. 이진화 연산은 그레이스케일 이미지를 대상으로 이루어지며, 특정 값을 기준으로 기준치보다 크거나 작으면 인식의 대상으로 판단한다. 예를 들어, 한 이미지의 픽셀들의 밝기 분포가 아래 히스토그램과 같다면 전체를 두 영역으로 구분하는 문턱치 T를 기준으로 어두운 픽셀과 밝은 픽셀로 나눌 수 있다.

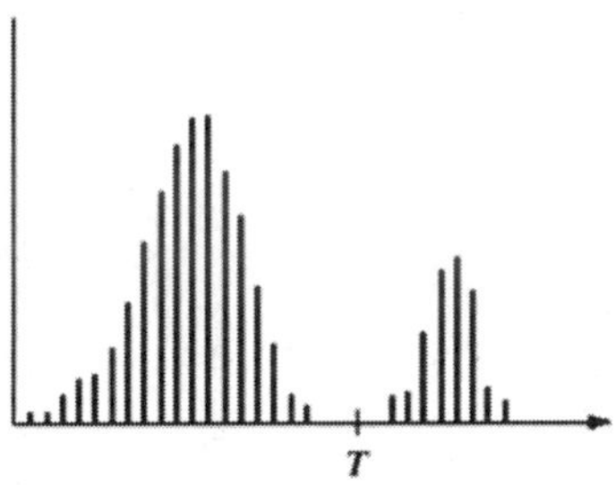

openCV에서는 threshold 함수가 이진화 연산에 주로 사용된다.

```
Threshold(input_image, output_image, threshold_value,
max_val, threshold_type)
```

- input_image: 이진화 대상이 되는 그레이스케일 이미지 Mat 객체
- output_image: 이진화의 결과 이미지를 저장할 Mat 객체
- threshold_value: 이진화의 기준치
- max_val: 이진화를 할 때 출력값 중의 하나(나머지 하나는 0이 된다)
- threshold_type

- THRESHOLD_BINARY: 개별 픽셀값이 threshol_value 이상이면 max_value로, threshold_value 미만이면 0으로 설정
- THRESHOLD_BINARY_INV: THRESHLD_BINARY 결과를 반전시킴
- THRESHOLD_TRUNC: 입력값이 threshold_value를 초과하면 max_value로 만들고, 그 이하는 원래값을 그대로 유지함
- THRESHOLD_TOZERO: 입력값이 threshold_value 이하이면 0으로 만들고, 초과이면 그대로 원래값을 유지함
- THRESHOLD_TOZERO_INV: THRESHOLD_TOZERO를 반전시킴
- THRESHOLD_OTSU: 영상 전체 히스토그램을 분석해서 threshold 값을 자동으로 찾아 이진화

다음은 여러 가지 threshold_value를 테스트한 결과이다. threshold_type=THRESHOLD_BINARY에서 threshold_value를 증가시킬수록 이미지에서 검은 부분이 더 늘어나는 것을 알 수 있다.

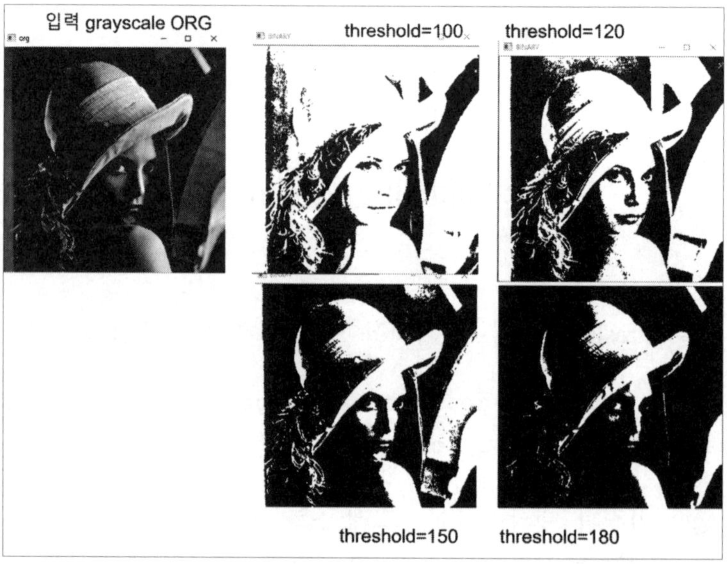

다음은 여러 가지 threshold_type을 테스트하기 위한 프로그램이다. threshold_value=100으로 고정하고 threshold_type을 다양한 값으로 테스트하였다.

```
using namespace cv;

int main() {
    Mat img = imread("images\\lenna.png", IMREAD_GRAYSCALE);
    Mat dst;

    imshow("org", img);
    threshold(img, dst, 100, 255, THRESH_BINARY);
    imshow("BINARY", dst);
    threshold(img, dst, 100, 255, THRESH_BINARY_INV);
    imshow("INV", dst);
    threshold(img, dst, 100, 255, THRESH_TRUNC);
    imshow("TRUNC", dst);
    threshold(img, dst, 100, 255, THRESH_TOZERO);
    imshow("TOZERO", dst);
    waitKey(0);

}
```

오츠(OTSU) 이진화는 전체 픽셀을 둘로 분류하는 기준치(threshold)를 자동으로 찾아주는 편리한 이진화 방법이다. 오츠 이진화는 전체 영상의 픽셀값 히스토그램을 구

했을 때 전체적으로 두 개의 군집으로 픽셀값이 나뉘어진다는 가정하여 threshold를 계산에 의해서 찾아 준다. 따라서, 픽셀값의 분포가 이 전제에 맞지 않는 경우는 오츠 이진화는 좋은 결과를 기대하기 어렵다. 아래 예에서 이미지에 노이즈가 심해서 히스토그램 상으로 전체를 두 개의 군집으로 나누기 어려운 경우에는 이진화 효과가 떨어지는 것을 보여준다.

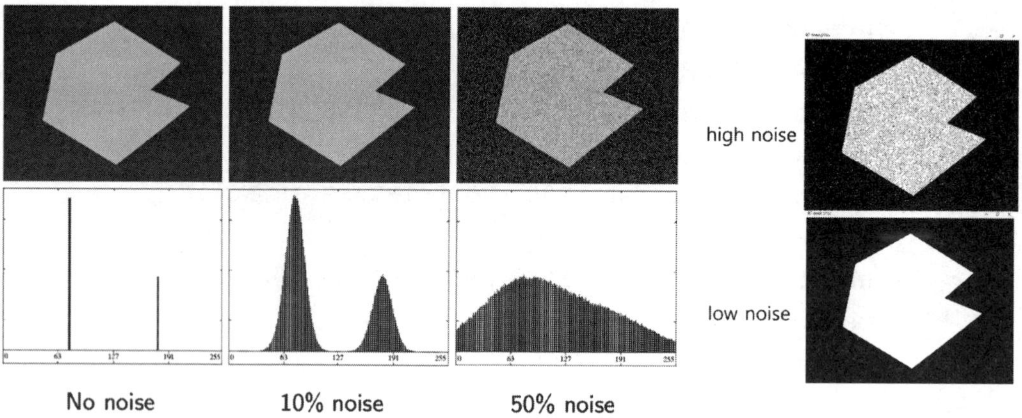

이런 경우는, 아래 코드와 같이 blur나 GaussianBlur 함수를 이용해서 노이즈를 줄인 뒤에 오츠 이진화를 시도하면 깨끗한 이진 영상을 얻을 수 있다. 아래 예시 코드에서 Fig_10_std_10.tif는 노이즈가 적은 이미지이고 Fig10_std_50.tif 파일은 노이즈가 심한 이미지이다. 따라서, 모든 입력에 대해서 노이즈 필터링을 먼저 한 뒤에 이진화 등을 한다면 이진화 결과를 수월하게 얻을 것으로 예상할 수 있다.

```
int main() {
    Mat img1 = imread("images\\Fig10_std_10.tif",0);
    Mat img2 = imread("images\\Fig10_std_50.tif", 0);
    Mat img_th1, img_th2;

    imshow("noise 10", img1);
    imshow("noise 50", img2);
    threshold(img1, img_th1, 0, 255, THRESH_OTSU);
    threshold(img2, img_th2, 0, 255, THRESH_OTSU);
```

```
    imshow("otsu 10", img_th1);
    imshow("otsu 50", img_th2);

    blur(img2, img2, Size(5, 5));
    imshow("noise 50 with blur", img2);
    threshold(img2, img_th2, 0, 255, THRESH_OTSU);
    imshow("otsu 50 with blur", img_th2);

    waitKey(0);
    return 0;
}
```

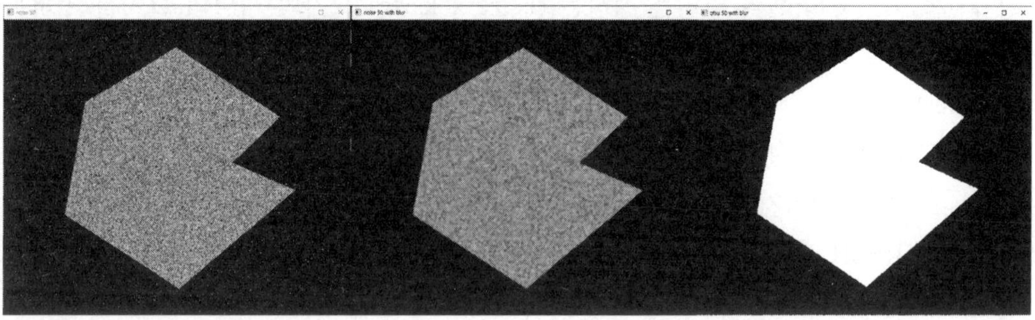

지금까지 소개한 이진화는 전체 이미지의 모든 픽셀들에 대해서 단 하나의 threshold 값에 의해서 이진화를 수행했으나 이미지의 특성에 의해서 영역에 따라 픽셀별로 다른 문턱치 값을 적용해야 하는 경우가 있다. 예를 들어, 사진의 사물에 그림자가 드리워져서 어두운 영역에는 낮은 문턱치값을 적용하고 밝은 부분은 높은 문턱치값을 적용해야 하는 경우가 있을 수 있다. 픽셀별로 개별적으로 계산해서 특성에 맞게 적응적으로 threshold 값을 정하는 이진화 방법을 adaptive thresholding이라고 한다. 이때 개별 픽셀의 threshold_value를 계산하는 기준은 주변 픽셀들의 평균값이 주로 이용되는데, 주변픽셀을 정의하는 커널의 크기, 평균을 구할 때 주변 픽셀값에 가중치를 주는 방식에 따라 몇 가지 변형이 있을 수 있다. 다음은 adaptive threshold 수행을 위한 함수이다.

```
adaptiveThreshold(src, dst, max_value, adaptive_threshold_
type, threshold_type,  ksize, C)
```

adptiveThreshold 함수의 인자들의 의미는 다음과 같다.

- src는 입력 이미지 Mat 객체
- dst는 adaptive thresholding을 적용한 출력 이미지 Mat 객체
- max_value: 이진화 결과값 중 최대치로 대개 255 (나머지 하나는 0)
- adaptive_threshold_type: 평균치 계산 방식
  - ADAPTIVE_THRESH_MEAN_C은 주변 픽셀의 평균치를 이용
  - ADAPTIVE_THRESH_GAUSSIAN_C은 주변 픽셀의 Gaussian 평균치를 이용
- ksize는 이웃 픽셀의 범위를 정하는 (ksize x ksize) 크기의 커널의 크기를 정하는 인자이다.
- threshold_type: 이진화 방식 결정
  - THRESH_BINARY를 선택하면 기준치 이상의 값을 max_val로 그 외에 0으로 이진 이미지를 생성하고
  - THRESH_BINARY_INV는 THRESH_BINARY의 결과와 결과 값이 정반대가 된다.
- C: threshold를 계산할 때 추가되는 상수: 이진화 기준은 (가우시안)평균치 –C

아래 쌀알 이미지에서 쌀알의 개수를 세기 위한 이진화를 하려는 경우를 예로 들겠다. 이 이미지는 우측 하단은 전반적으로 어둡고 좌측 상단은 밝은 편이어서 하나의 기준값으로 이진화를 하기 어려운 특정이 있다. 아래 이 영상에 대해서 OTSU thresholding 및 Adaptive thrsholding을 포함한 여러 가지의 이진화 방법을 적용하여 비교하는 코드이다.

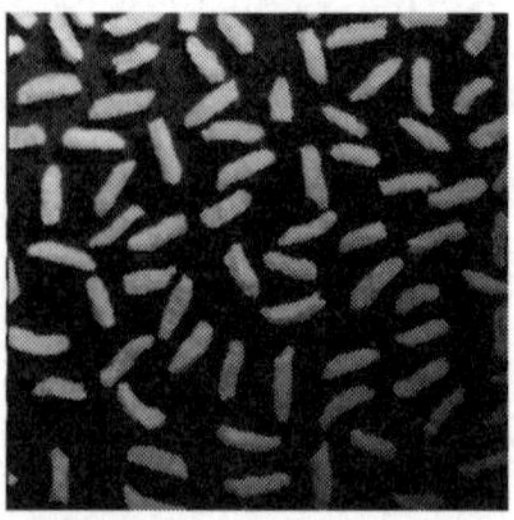

```
int main() {
    Mat img = imread("images\\rice.tif", 0);
    Mat img_th ;
    if (img.empty()) return -1;

    imshow("org", img);

    threshold(img, img_th, 100, 255, THRESH_BINARY);
```

```
    imshow("thresh th=100", img_th);
    threshold(img, img_th, 0, 255, THRESH_OTSU);
    imshow("otsu", img_th);
    adaptiveThreshold(img,  img_th,  255,ADAPTIVE_THRESH_MEAN_C,
                         THRESH_BINARY, 19, 0);
    imshow("adaptive K=19", img_th);
    adaptiveThreshold(img, img_th, 255, ADAPTIVE_THRESH_MEAN_C,
                         THRESH_BINARY, 49, 0);
    imshow("adaptive K=49", img_th);
    adaptiveThreshold(img, img_th, 255, ADAPTIVE_THRESH_MEAN_C,
                         THRESH_BINARY, 199, 0);
    imshow("adaptive K=199", img_th);

    waitKey(0);
    return 0;
}
```

일반 이진화를 하면 아래 첫 번째 이미지의 결과가 된다. OTSU 이진화를 시도해도 아래 두 번째 결과 이미지처럼 완벽한 구분이 안 된다. 이런 문제점의 원인은 쌀알 이미지가 쌀알과 배경을 구분하는 전체적으로 단일한 하나의 threshold 값을 구할 수 없는 히스토그램 분포 특성을 가졌기 때문이다. 그래서, 이런 상황에서는 픽셀마다 주변의 지역적 밝기 값을 고려한 적응적 threshold를 구할 필요가 있는 것이다. 아래 이미지에서 3번째부터 5번째까지의 이미지가 Adaptive thresholding의 결과인데, 19, 49, 199로 ksize를 점차 늘리면서 이진화를 원이미지에 적용한 결과이다. 이 사례에서는 ksize=199이고 C=0일 때 이진화가 가장 잘된 것으로 보인다.

일반 이진화	OTSU 이진화	adpative threshold		
기준값 100		ksize=19	ksize=49	ksize=199
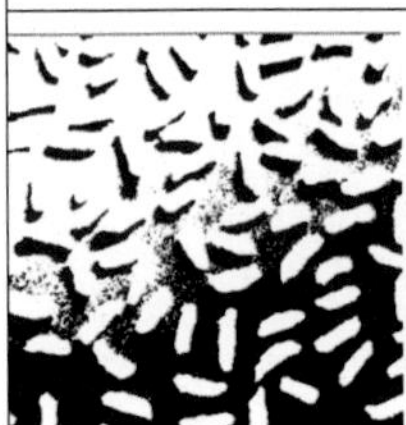				

이제, 하나의 threshold를 기준으로 이진화를 하는 대신, 두 개의 threshold 값을 이용해서 특정 범위 내에 픽셀값이 있는지 여부로 이진화 하는 방식을 생각해보자. 다음 OpenCV의 inRange 함수가 이런 이진화에 사용되는 함수이다.

```
inRange(src, lowerb, upperb, dst)
```

- src: 입력 이미지 Mat 객체
- lowerb: 하단 threshold, Scalar 객체
- upperb: 상단 threshold, Scalar 객체
- dst: 출력 이미지 Mat 객체

예를 들어 아래 코드는 컬러 입력 이미지에서 녹색 성분이 강한 부분만 검출하는 이진화를 수행하게 된다.

```
Mat img_hsv, green;
Mat img_bgr = imread("images\\bird.png");
cvtColor(img_bgr, img_hsv, COLOR_BGR2HSV);
inRange(img_hsv, Scalar(50, 100, 50), Scalar(80, 255, 255), green);
imshow("color", img_bgr);
imshow("green", green);
```

위 inRange 테스트 프로그램 실행 결과이다. 우측 이진 영상은 녹색 부분만 하얗게 출력되었다.

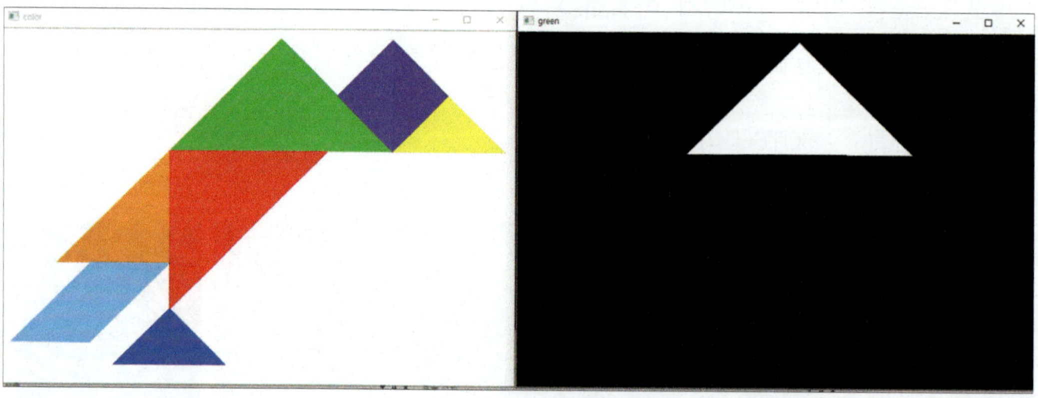

10 CHAPTER 에지 추출

grayscale 영상에서 관심을 가지고 추출하는 대표적인 특징이 에지(edge)이다. 에지란, 어떤 사물의 테두리나 경계를 의미한다. 에지를 추출하는 방법은, 인접한 픽셀들 간의 값의 차이가 상대적으로 급격히 변하는 지점의 화소를 찾아 연결하는 것이다. 다른 표현으로, 픽셀의 미분값의 변화를 이용하여 에지를 찾는다고 할 수 있다.

실제로 자연상태를 촬영한 이미지 상에서 에지 영역을 확대해보면 아래 그림처럼 픽셀값이 점진적으로 밝기가 바뀌는 것을 알 수 있다. 아래 그림에서 픽셀의 밝기값을 에지를 가로지르는 가로방향으로 샘플링하여 1차원적으로 살펴보면 왼쪽 끝에서 에지가 시작되기 직전 지점까지는 검은색 픽셀이라 픽셀값이 0의 값을 가지다가 에지가 시작되는 부분에서 밝기값이 일정하게 증가하여 흰색 영역에 도달하면 픽셀값이 변하지 않고 최대값으로 유지된다. 이 밝기값을 1차 미분하게 되면 값의 변화가 없는 부분은 미분값이 0이고 값이 일정하게 변하는 부분은 기울기에 해당하는 값을 가지게 된다. 즉 에지의 후보 영역은 미분 값이 0이 아닌 부분이다.

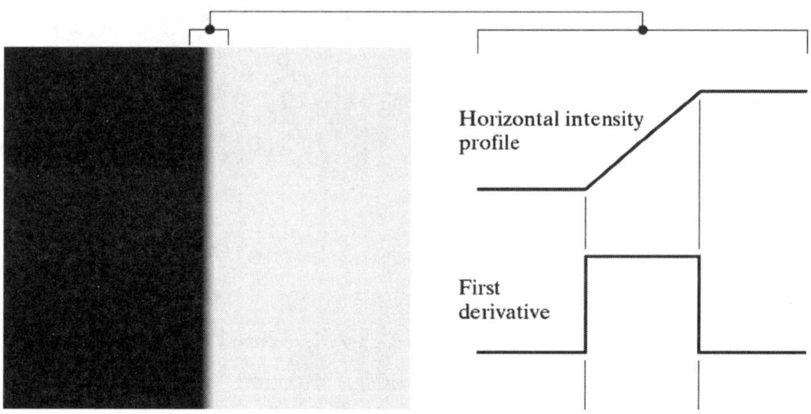

실제 디지털 이미지 상에서는 미분값을 구하기 위해서 인접 픽셀 간의 뺄셈 연산이 필요하다. x 좌표가 a인 픽셀의 미분값을 구하는 방법은 아래 3가지를 생각할 수 있다.

forward difference: $f'(a) = f(a) - f(a+1)$

backward difference: $f'(a) = f(a) - f(a-1)$

central difference: $f'(a) = 1/2 \times [f(a+1) - f(a-1)]$

x 방향으로 미분값을 구해서 하나의 grayscale 이미지를 생성할 수 있다. y 방향으로 미분값을 구해서 또 하나의 grayscale 이미지를 생성할 수 있다. 이런 연산은 다음과 같은 3 × 3 커널을 이용한 convolution 연산을 수행하는 블록 필터를 적용하는 것과 동일하다. h_x는 x 방향의 미분값을 구하는 커널이고 h_y는 y 방향의 미분값을 구하는 커널이다.

$$h_x = \begin{pmatrix} +1 & 0 & -1 \\ +1 & 0 & -1 \\ +1 & 0 & -1 \end{pmatrix} \quad h_y = \begin{pmatrix} +1 & +1 & +1 \\ 0 & 0 & 0 \\ -1 & -1 & -1 \end{pmatrix}$$

다음은 위 두 개의 커널을 이용한 convoultion 연산을 수행하여 수평 및 수직 방향의 에지를 구하여 화면에 출력하는 프로그램이다.

```
int main() {
    Mat img = imread("images\\house.tif", 0);
    Mat dst;
    Mat kernel_horiz = (Mat_<float>(3,3) << -1, 0, 1, -1, 0, 1,
                        -1, 0 ,1)/3.0;
    Mat kernel_vert = (Mat_<float>(3, 3) << -1, -1, -1, 0, 0,
                        0, 1, 1, 1)/3.0;

    imshow("input", img);
    filter2D(img, dst, CV_16SC1, kernel_horiz);
    convertScaleAbs(dst, dst);
    imshow("horizontal derivative", dst);
    filter2D(img, dst, CV_16SC1, kernel_vert);
    convertScaleAbs(dst, dst);
    imshow("vertical derivative", dst);
    waitKey(0);
}
```

상기의 에지 추출 방식을 더욱 발전시킨 것이 Sobel 필터이다. Sobel 필터는 3 × 3 커널의 계수를 다음과 같이 수정하여 대각선 방향의 계수값보다 위아래 및 좌우의 계수에 더 큰 가중치를 부여한 것이 특징이다.

$$sobel_x = \begin{pmatrix} +1 & 0 & -1 \\ +2 & 0 & -2 \\ +1 & 0 & -1 \end{pmatrix} \quad Sobel_y = \begin{pmatrix} +1 & +2 & +1 \\ 0 & 0 & 0 \\ -1 & -2 & -1 \end{pmatrix}$$

이로서 보다 선명한 에지를 구할 수가 있다. OpenCV에서는 Sobel 필터를 한번에 구하는 함수를 아래와 같이 제공하고 있다.

```
Sobel(img, dst, ddepth, dx, dy, ksize=3);
```

Sobel 함수의 인자 중 img는 입력 이미지 Mat 객체, dst는 출력 에지 이미지 Mat 객체, ddepth는 출력 이미지의 타입을 의미한다. dx와 dy는 각기 x방향 및 y방향의 미분을 의미하는데, 1은 1차미분, 2는 2차미분, 0은 제외를 의미한다.

다음은 Soel 필터를 이용한 에지 추출 예제 코드이다.

```
int main()
{
    Mat img = imread("images\\house.tif", 0);
    Mat dst_h, dst_v;

    Sobel(img, dst_h, CV_16S, 1, 0);
```

```
    Sobel(img, dst_v, CV_16S, 0, 1);

    Mat edges (dst_h.rows, dst_h.cols, CV_8UC1);
    for(int i = 0; i < dst_h.cols; i++)
        for (int j = 0; j < dst_h.rows; j++) {
            short int grad_mag = abs(dst_h.at<short>(i, j)) +
                                 abs(dst_v.at<short>(i, j));
            if (grad_mag > 100)
                edges.at<uchar>(i, j) = 255;
            else
                edges.at<uchar>(i, j) = 0;
        }
    imshow("edges", edges);

    convertScaleAbs(dst_h, dst_h);
    convertScaleAbs(dst_v, dst_v);
    imshow("horizontal derivative", dst_h);
    imshow("vertical derivative", dst_v);
    waitKey(0);
}
```

다음은 위 프로그램의 Sobel 필터 예제 실행 결과이다. 좌측은 x방향 미분(수직 에지), 가운데는 y방향 미분(수평 에지), 우측은 수평 및 수직 성분 에지를 모두 반영한 에지 그림이다.

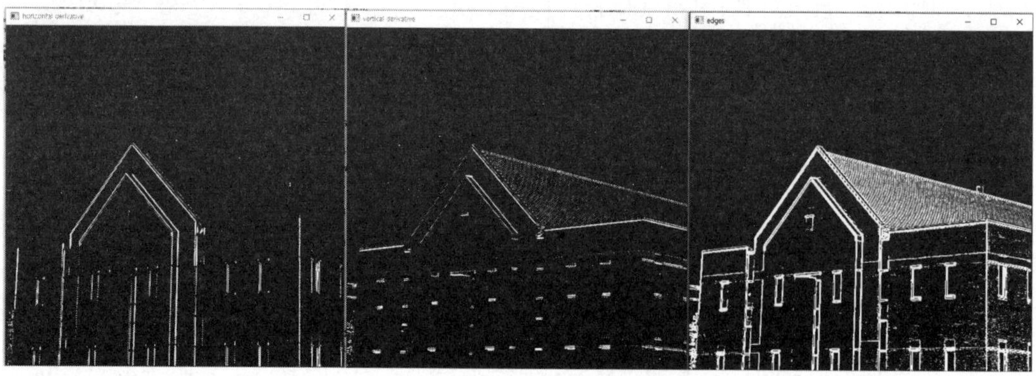

Sobel 필터를 기반으로 한 에지 검출의 가장 개선된 알고리즘이 Canny 에지 검출 방법이다. Canny 알고리즘은 기본적으로 Sobel 에지 추출에 기반하고 있으며 그 외의 주요 핵심은 다음과 같다.

(1) Non Maximum Subpression: 각 픽셀의 gradient가 얻어지면 그 방향과 같은 gradient를 가진 인접 픽셀들의 gradient magnitude들과 비교하여 가장 크기가 큰 픽셀만 에지로 남긴다. blur한 영역의 에지들을 제거하는 효과가 있다.

(2) Double thresholding: 이미지의 노이즈로 인해서 나타난 false positive들(에지로 인식되었으나 사실은 에지가 아닌 픽셀들)을 제거하는 효과가 있다.

- 각 픽셀의 gradient magnitude가 high threshold보다 크면 strong edge로 분류한다.
- 각 픽셀의 gradient magnitude가 low threshold 보다 작으면 제거한다.
- 각 픽셀의 gradient magnitude가 high와 low threshold사이에 있으면, weak edge로 분류한다. weak edge는 인접한 8개의 pixel중 strong edge가 있을 때만 최종적으로 strong edge로 분류된다.

OpenCV에서는 Canny 에지 알고리즘을 다음과 같이 함수로 구현하고 제공하고 있다.

```
Canny(src, dst, threshold_1, threshold_2)
```

threshold_1 : 에지가 확실히 아닌 픽셀들을 제외시키는 기준
threshold_2 : strong 에지를 찾는 문턱치 기준
(threshold_1 > threshold_2)

다음은 canny 알고리즘의 2개의 threshold를 변경시키면서 그 효과를 테스트하는 코드이다.

```
int main() {
    Mat img = imread("images\\house.tif", 0);
    Mat dst;
    Canny(img, dst, 100, 200);
```

```
    imshow("100 200", dst);
    Canny(img, dst, 50, 200);
    imshow("50 200", dst);
    Canny(img, dst, 50, 100);
    imshow("50 100", dst);
    waitKey(0);
}
```

11 CHAPTER 직선 추출

에지들을 추출한 뒤에 그 에지들이 어떤 기학학적 의미를 가지는지 분석이 필요하다. 가장 기본이 되는 것이 직선 추출이다. 직선 추출이란 에지들이 모여서 직선을 형성할 경우 직선의 방정식 또는 시작점과 끝점을 인식하는 것을 뜻한다.

직선 추출 알고리즘은 허프(Hough) 변환을 사용한다. 이 변환을 통해서 x, y 직교좌표계를 각도와 거리로 점의 위치를 표시하는 $\rho\theta$ 좌표계로 바꾸어 직선을 구성하는 에지들을 찾고 직선의 식 또는 직선의 시작과 종점을 찾아낸다. 한점(x_i, y_i)를 지나는 어떤 직선이 있다면 그 직선에서 원점에 이르는 수선을 내릴 수 있다. ρ는 그 수선의 길이 (원점과 직선의 거리)이고 θ는 수선이 x축과 이루는 각도가 된다. (x_i, y_i)를 지나는 모든 가능한 직선 후보들을 (ρ, θ)의 쌍으로 나타내면 하나의 곡선을 형성하게 된다. 또다른점 (x_j, y_j)에 대해서 이 점을 지나는 가능한 직선의 후보들을 (ρ, θ)의 쌍으로 $\rho\theta$ 평면 상의 곡선을 만들 수 있는데 이 두 개 곡선이 서로 만나는 지점이 (x_i, y_i) 및 (x_j, y_j)를 공통으로 지나는 하나의 직선을 의미한다. 이런 원리로 에지를 형성하는 모든 점들에 대하여 $\rho\theta$ 평면상의 그래프를 그리고 이 그래프들의 교점을 구하여 최종 직선을 찾는 것이다. 만일 10개의 에지 픽셀이 하나의 직선을 구성한다

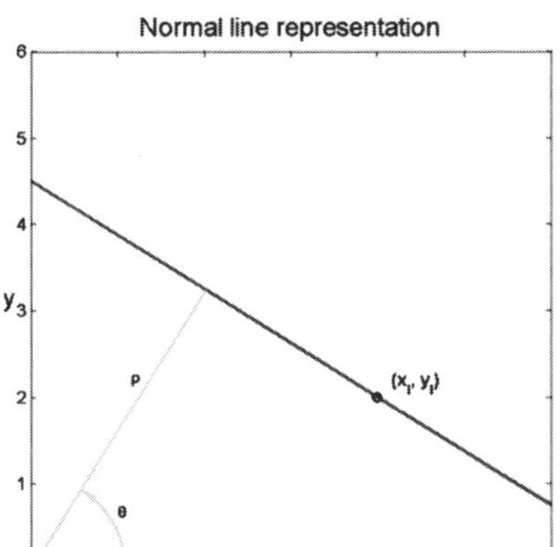

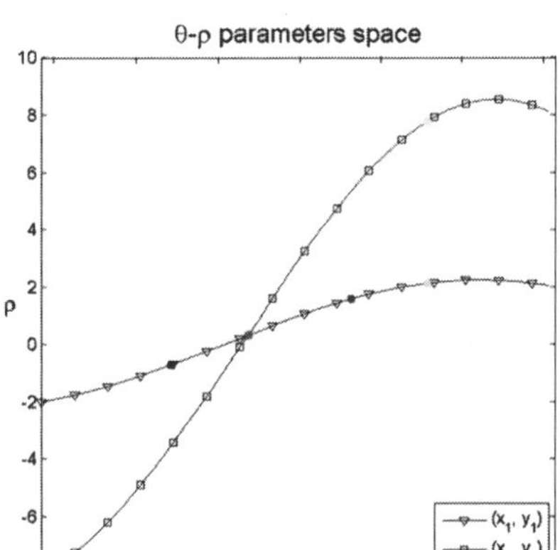

면, 10개의 $\rho\theta$ 평면 상의 곡선이 서로 한점에서 만나게 될 것이다. 그러나, 우리가 처리하는 디지털 이미지에서 교점을 구하는 것은 여러 점들이 정확히 한점에서 만나지 못할 수도 있다. 이 문제는 전체 좌표계를 바둑반 격자모양으로 쪼개고 각 격자 내에서 만나는 점은 한점에서 만난 것으로 간주하는 방식으로 해결한다. 그래서, 격자마다 일정 개수 이상의 교점이 발견되면 직선을 찾은 것으로 간주한다.

허프 변환을 이용한 직선 추출 함수에는 HoughLinesP가 있다. 이 함수의 입력은 에지추출 결과 Mat 이미지 객체이고 결과는 추출된 직선의 양끝점 좌표쌍을 나타내는 4개의 숫자(x1, y1, x2, y2)를 저장한 vector 객체이다. 다음은 HoughLinesP 함수의 형식이다.

```
HoughLinesP(edge, lines, rho, theta, thresh, min_length,
max_gap);
```

- edge : 에지를 검출하여 저장하고 있는 Mat 객체 (이 에지들 중에서 직선 추출이 목적)
- lines : 추출된 직선들의 양끝점의 좌표값을 배열로 저장하는 vector<Vec4i> 객체
- rho: 허프 변환으로 $\rho\theta$ 평면에서 곡선들의 교점을 판별하기 위한 격자의 ρ 축 눈금 간격 (픽셀 단위 거리 값)
- theta: 허프 변환한 $\rho\theta$ 평면에서 곡선들의 교점을 판별하기 위한 격자의 θ 축 눈금 간격 (라디안 단위 각도 값)
- thresh: 허프 변환한 $\rho\theta$ 평면에서 직선으로 판단하기 위해서 한 격자 내에 존재해야 하는 최소한의 교점의 수
- min_length: 직선의 최소 길이 (min_length 이하의 직선은 검출에서 제외)
- max_gap: 두 개의 직선을 연결하여 하나의 긴 직선으로 인식하기 위한 직선간 최대 거리 (max_gap 이하로 떨어진 직선들은 하나의 직선으로 합병)

다음은 HoughLinesP 함수의 min_length와 max_gap을 바꾸어 가면서 직선 추출 성능을 테스트하는 프로그램이다. 다음은 위 프로그램의 출력이다. HoughLinesP의 인자들 중 min_length와 max_gap의 다음 4가지 인자값 조합을 House.tif에 적용하여 테스트를 했다.

N	thresh	min_length	max_gap
0	3	3	0
1	5	5	1
2	5	10	1
3	5	5	15
4	10	10	15

```
int main() {

    Mat gray = imread("images\\house.tif", 0);
    Mat color, edge;
    std::vector<Vec4i> lines;

    imshow("org", gray);
    cvtColor( gray, color, COLOR_GRAY2BGR);
    Canny(gray, edge, 100, 200);
    imshow("edge", edge);

    int thresh[] = {3, 5,5,5,10 };
    int min_length[] = {3, 5, 10, 5, 10 };
    int max_gap[] = {0, 1, 1, 15, 15 };
    for (int n = 0; n < 5; n++) {
        Mat img(color);
        HoughLinesP(edge, lines, 1, CV_PI / 180, thresh[n],
                    min_length[n], max_gap[n]);
        for (int i = 0; i < lines.size(); i++)
            line(img, Point(lines[i][0], lines[i][1]), Point
                (lines[i][2], lines[i][3]), Scalar(0, 0, 255), 1);
            std::string title = "lines " + std::to_string(n);
            imshow(title, img);
        }
    waitKey(0);
}
```

다음 그림은 위 프로그램의 출력이다.

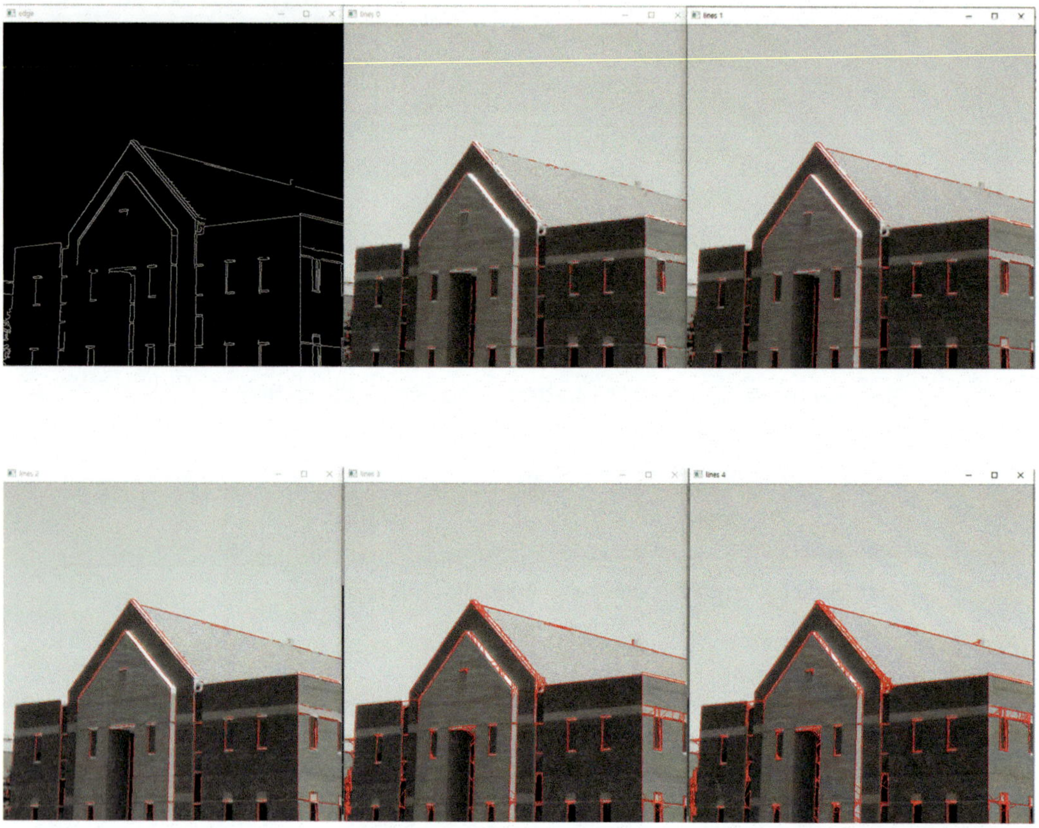

위 결과 이미지를 보면 N=0일 때 추출된 직선이 매우 적고 N=4일 때 직선이 가장 많이 추출된다.

외곽선 추출 12 CHAPTER

어떤 물체의 테두리(외곽선 또는 윤곽선)를 구성하는 에지들을 구분해서 찾아내면 추출된 에지들을 그룹으로 묶어주고 물체를 구분하거나 관심영역을 세분화할 수 있다.

이렇게 에지들을 모아 윤곽선 정보를 만들어주는 openCV의 함수가 findContour 함수이다. 즉, 에지 점들을 모아서 다각형의 윤곽선 정보로 변환시키는 함수이다. 아래에 findContours 함수 호출에 필요한 인자들에 대한 설명이 있다.

```
findContours(image, contours, hierarchy, mode, method, offset)
```

- image: 8-bit single-channel Mat 객체 (함수 실행 결과 부수적으로 객체의 내용이 수정될 수 있어 주의요망)
- contours: detected contours : Point 객체들의 벡터형의 배열 (vector<vector<Point>> 형)
- hierarchy: 입력 에지 이미지의 topology에 대한 정보를 담는 벡터형 자료구조
  ```
  hierarchy[i] is 0-based index in contours : [i][0]=next,
  [i][1]=prev, [i][2]=first child, [i][3]=parent
  ```
- mode: contour retrieval mode
  - CV_RETR_EXTERNAL 최외곽 외곽선만을 추출한다.
  - CV_RETR_LIST 모든 외곽선을 추출하되 외곽선 간의 계층적 관계를 만들지는 않는다.
  - CV_RETR_CCOMP 모든 외곽선을 추출하되, 외곽선들을 최상위 계층과 그 아래 계층으로 분류한다.
  - CV_RETR_TREE 모든 외곽선을 추출하되, 완전한 중첩된 계층구조를 만든다.
- method: 외곽선 approximation 방법
  - CV_CHAIN_APPROX_SIMPLE: 수평, 수직, 대각선 방향의 선들은 끝 Point

만 저장하고 중간 Point는 생략하여 압축적으로 저장한다. 예를 들어 4각형의 외곽선의 경우, 4개의 Point만을 포함한다.

- CV_CHAIN_APPROX_NONE 추출된 그대로 저장한다. 단 하나의 Point도 생략하지 않음

hierachy는 각 contour 간의 계층적 구조를 나타내는데 사용된다. 예를 들어 아래 (input-edges)와 같은 이미지의 에지 정보를 입력으로 findContours를 실행하면 아래 그림과 같이 3개의 외곽선이 추출된다. 0-th contour가 최고 단계이고, 1-th와 2-th가 그 아래 단계를 형성한다. 가장 우측 그림에 이들 contour 간의 단계 관계를 도식화 했다.

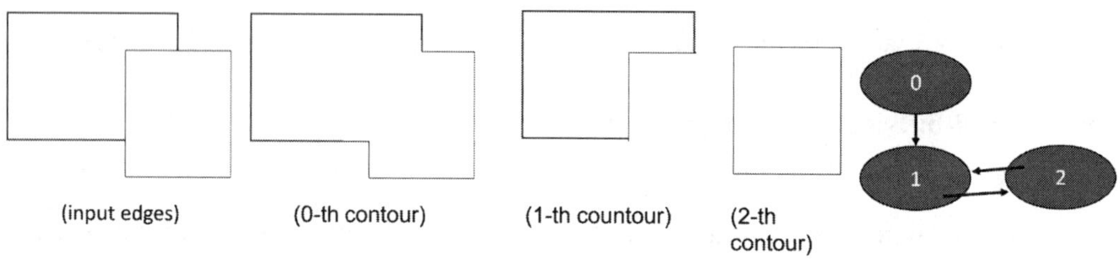

외곽선들의 계층구조를 나타내기 위한 자료구조로는 contour 별로 4개의 정수로 된 정보를 저장한 vector (배열)가 hierarchy란 인자인데, i-th contour의 정보를 나타내는 hierarchy[i]의 첫 정수는 다음 contour, 두 번째 정수는 이전 contour, 셋째 정수는 아래 단계의 첫 번 contour, 네 번째 정수는 부모 단계 contour의 인덱스이다. 만일 해당하는 원소 인덱스가 존재하지 않을 경우(예; 최상위 단계 contour는 부모 외곽선이 없고 최하위 contour는 child contour가 존재하지 않음) 음수(−1)를 인덱스 자리에 적는다. 위 예시구조를 위한 hierarchy 벡터 내용은 다음과 같이 도식화해서 보일 수 있다.

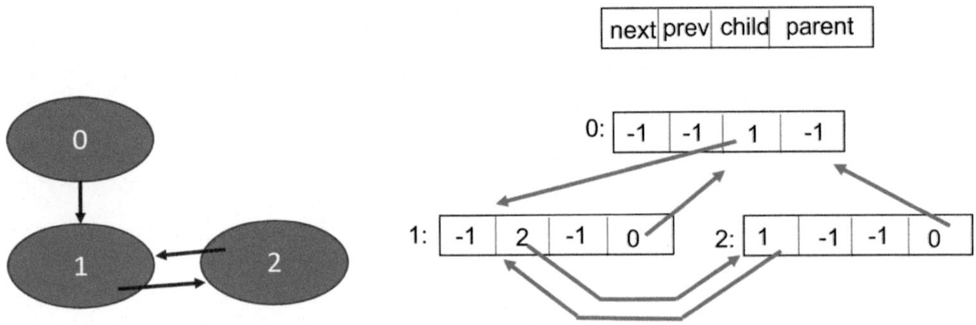

findContours 함수 호출시 주의할 사항은, 입력 image가 함수 내에서 변형이 될 수 있기 때문에 함수 호출 이후에도 첫 번 인자값을 계속 보존하려면 clone Mat 멤버 함수를 이용한 이미지 복사본을 findContours 인자로 전달하는 것이 좋다는 것이다.

```
using namespace cv;
using namespace std;

int main() {
    Mat img = imread("images\\contour.jpg", 1);
    Mat gray,edge;

    resize(img, img, Size(300, 400));
    imshow("img", img);
    cvtColor(img, gray, COLOR_BGR2GRAY);
    imshow("gray", gray);
    Canny(gray, edge, 30, 100);
    imshow("edge", edge);
    cvtColor(gray, img, COLOR_GRAY2BGR);

    vector<vector<Point>> contours;
    vector<Vec4i> hierarchy;
    findContours(edge, contours, hierarchy, RETR_CCOMP,
                 CHAIN_APPROX_SIMPLE);
    int N = contours.size();
    vector<Mat> contour_img(N);
    cout << "# contours=" << N << endl;
```

```
    for (int i = 0; i < N; i++) {
        contour_img[i] = Mat::zeros(edge.size(), CV_8UC3);
        Scalar color = Scalar(rand() % 256, 250, 0);
        drawContours(contour_img[i], contours, i,
                     Scalar(0,0,255), 1);
        drawContours(img, contours, i, color, 1);
        string title = to_string(i);
        imshow(title, contour_img[i]);
    }

    for (int i = 0; i < N; i++)
    {
        cout << i << ": [0]= " << hierarchy[i][0] << ", ";
        cout << " [1]= " << hierarchy[i][1] << ", ";
        cout << " [2]= " << hierarchy[i][2] << ", ";
        cout << " [3]= " << hierarchy[i][3] << endl;
    }
    imshow("res", img);
    waitKey(0);
}
```

다음은 위 프로그램의 실행 결과이다. 아래 그림들은 왼쪽부터 차례대로 입력 컬러 이미지, 이를 그레이스케일로 변환한 이미지, 에지 추출 결과, findContour로 외곽선 추출후 drawContour로 모든 contour를 그린 결과이다.

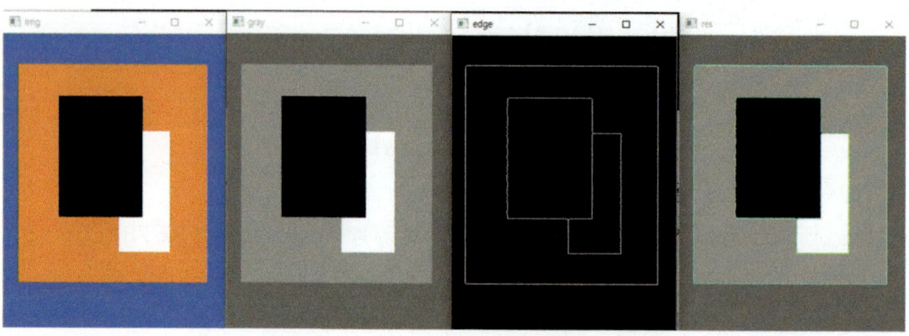

아래는 CCOMP mode로 contour를 추출한 뒤의 hierarchy 데이터의 출력과 이를

토대로 외곽선들 간의 계층 구조를 도식화한 것이다.

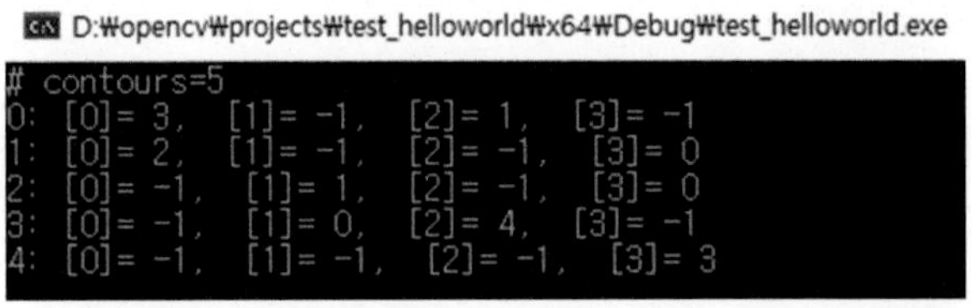
D:\opencv\projects\test_helloworld\x64\Debug\test_helloworld.exe

```
# contours=5
0: [0]= 3,  [1]= -1,  [2]= 1,  [3]= -1
1: [0]= 2,  [1]= -1,  [2]= -1,  [3]= 0
2: [0]= -1,  [1]= 1,  [2]= -1,  [3]= 0
3: [0]= -1,  [1]= 0,  [2]= 4,  [3]= -1
4: [0]= -1,  [1]= -1,  [2]= -1,  [3]= 3
```

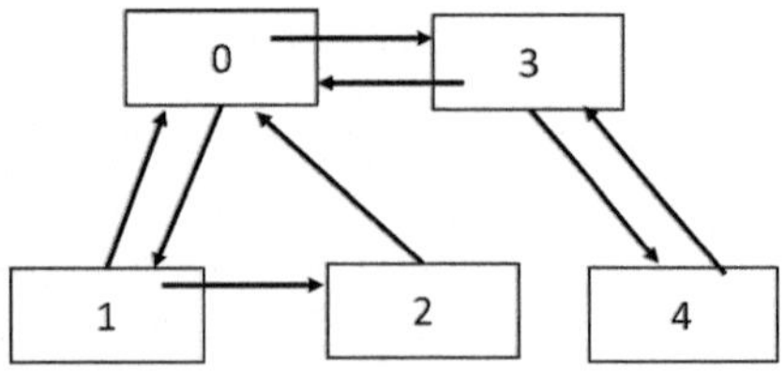

위 cmd 창의 출력은 countours의 개수 및 hierarchy의 내부 값을 보여준다. 총 5개의 외곽선이 추출되었고 이들간의 계층 구조가 인덱스로 제시되었다. 이것을 이용하여 CCOMP 모드에서의 외곽선 추출 결과 계층구조를 그림으로 그리면 위의 우측과 같다. [3]=parent가 음수인 외곽선이 가장 상위 계층인데 출력에 의하면 0번과 3번이다. 그 아래 계층으로 0번 아래 1번과 2번 외곽선이 있고, 3번 아래 4번 외곽선이 있다. 아래는 5개의 contour를 보기 좋도록 따로 그린 출력이다.

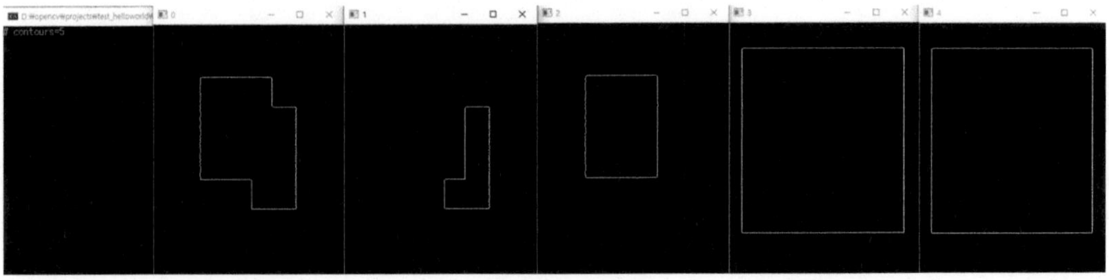

다음은, findContour 함수를 이용한 응용 프로그램으로, 동전들이 서로 겹치지 않게 찍힌 사진을 입력으로 주고 동전의 개수를 세는 기능을 가지고 있다.

```
#include "opencv.hpp"

using namespace cv;
using namespace std;

int main() {
    Mat img = imread("images\\coins.png", IMREAD_COLOR);
    Mat gray,edge;

    cvtColor(img, gray, COLOR_BGR2GRAY);
```

```
    GaussianBlur(gray, gray, Size(3, 3),1.0);
    imshow("gray", gray);
    Canny(gray, edge, 100, 200);
    imshow("edge", edge);

    vector<vector<Point>> contours;
    vector<Vec4i> hierarchy;

    findContours(edge, contours, hierarchy, RETR_EXTERNAL,
                 CHAIN_APPROX_SIMPLE);

    cout << "# contours=" << contours.size() << endl;
    for (int i = 0; i < contours.size(); i++) {
        Scalar color = Scalar(rand() % 256, rand() % 256, 256);
        drawContours(img, contours, i, color, 2);
    }

    imshow("res", img);
    waitKey(0);
}
```

다음은 위 프로그램의 실행 결과 출력이다. 가장 왼쪽이 입력 이미지이고 가운데가 에지 추출 이미지이고 맨 우측이 외곽선 추출후 외곽선을 random 색상으로 그린 것이다. 총 10개의 동전이 발견되었다. CV_RETR_EXTERNAL mode로 추출했기에 동전내부의 패턴을 추출하지 않고 동전 외곽선만 추출하는 것이 가능하였다.

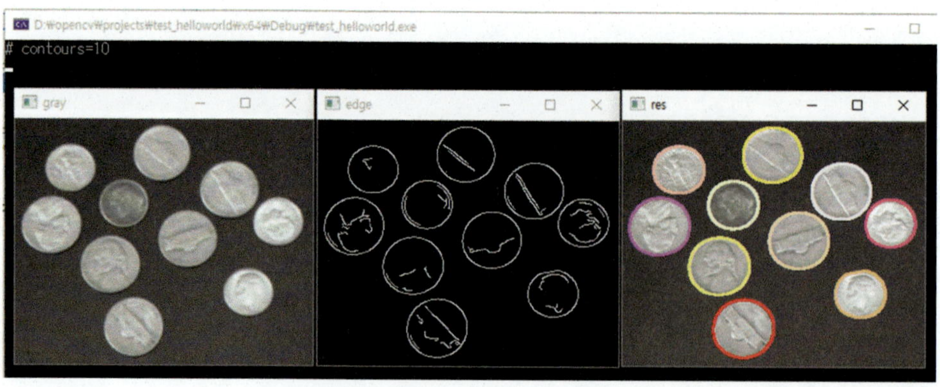

모폴로지(Morphology) 변환

13 CHAPTER

모폴로지 연산은 이진 이미지의 형태를 고치는 연산으로서, 입력 이진 흑백 이미지에 있는 노이즈 제거, 구멍 채우기, 끊어진 부분 메꾸어 잇기 등을 위해서 사용되는 형태 변형 연산이다. 모폴로지는 크게 침식과 팽창이란 두 가지 연산으로 구분할 수 있다. 침식(erode)이란, 이미지를 깎아낸다는 뜻인데 입력 흑백 이미지에서 검은색 부분을 늘리는 결과가 된다. 팽창(dilate)란 이미지를 키운다는 뜻인데 입력 흑백 이미지에서 흰색 부분을 늘리는 결과가 된다.

모폴로지 연산을 하기 위해서는 이미지 변형을 위해서 기준이 되는 커널이 필요하다. 커널의 형태는 N × N 형태의 검은색 바탕에 사각형, 원형, 십자형 등의 모양으로 흰색 패턴을 만들어 사용한다. 모폴로지는 N × N 커널을 기존 입력 이미지에 N × N 픽셀 크기만큼 차례대로 적용하여 N × N의 가운데 픽셀값을 하나씩 새로 계산하는 연산이다. 예를 들어 다음과 같은 (좌측) 이진 이미지와 (우측) 커널 이미지가 주어져 있다고 하자. 커널은 3 × 3 내의 가운데 세로줄에만 '1'이 있는 것으로 가정하자.

0	0	1	0
0	1	1	1
0	0	1	1
0	0	1	0

입력이미지

0	1	0
0	1	0
0	1	0

커널 (I자)

아래 그림은 침식 연산 과정을 보여준다. 주어진 커널은 가운데가 '1'이고 나머지는 '0'인 I 자형 모양의 3 × 3 커널이다. 주어진 입력 이미지에 커널을 적용하여 침식 연산을 하는 과정을 보여주고 있는데 커널을 입력 이미지에 같은 크기로 겹쳐 놓았을 때 커널의 '1'이 있는 부분과 같은 위치의 이미지 픽셀값이 모두 '1'이면 이미지 픽셀의 가운데 값을 '1'로 설정하고 대상 위치의 픽셀 중 하나라도 '0'의 값을 가지고 있으면 이미지의 가운데 픽셀값을 '0'으로 설정한다.

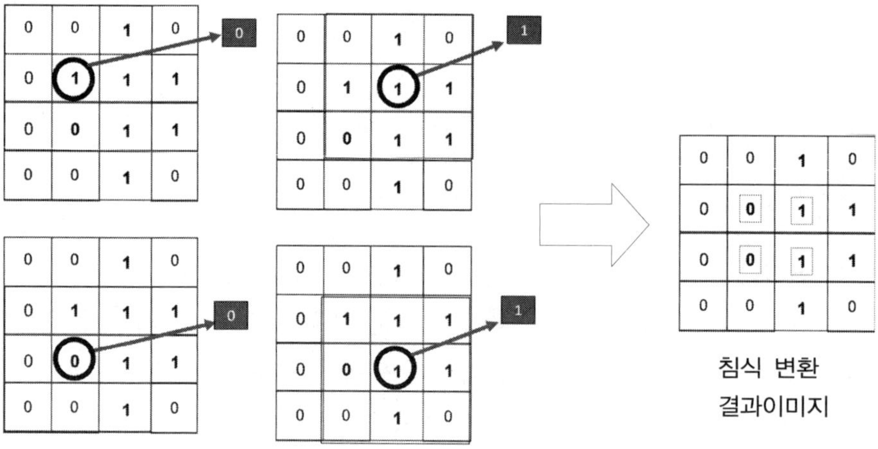

모폴로지 변환 과정 (침식)

반대로, 팽창 연산은 커널 이미지의 '1'의 값을 가진 위치의 이미지 픽셀들 중에서 단 하나의 픽셀이라도 '1'이면 결과 값이 '1'이 되고 그렇지 않으면 '0'으로 설정된다. 아래 그림은 동일한 이미지와 커널을 사용한 팽창 변환 과정을 보여준다.

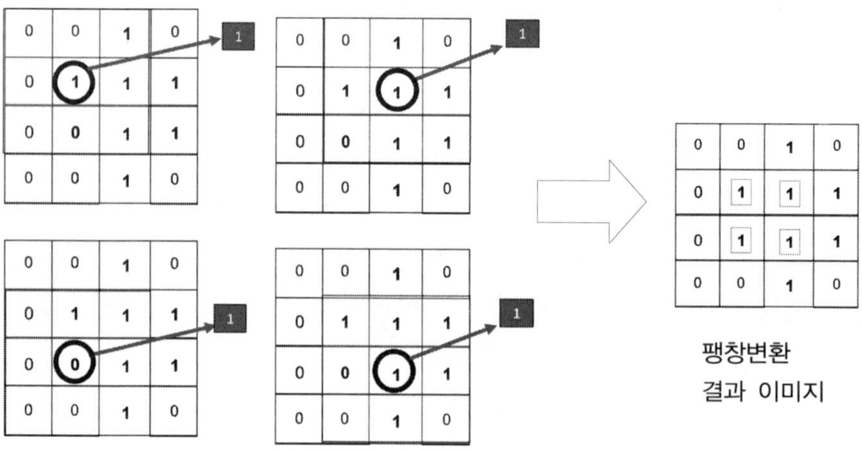

모폴로지 변환 과정 (팽창)

openCV에서 제공하는 침식연산 함수와 팽창연산 함수는 다음과 같다.

```
erode(img_in, img_out, kernel, anchor=Point(-1,-1),
iteration) // 침식

dilate(img_in, img_out, kernel, anchor=Point(-1,-1),
iteration) // 팽창
```

위 함수 인자들의 의미는 다음과 같다.

- img_in: 입력 이진 이미지
- img_out: 출력 이진 이미지
- kernel: 커널 이진 이미지 (N × N 크기)
- anchor: 커널로 덮인 이미지 중 수정 대상 픽셀의 위치 (기본값 (−1, −1)은 중앙 위치)
- iteration: 침식 또는 팽창을 반복하는 횟수

모폴로지 연산을 위한 커널을 생성하는 함수는 다음의 getStructuringElemenet이다.

```
getStructuringElement(shape,size)
```

위 함수의 인자들의 의미는 다음과 같다.

- shape: 커널의 모양
  (MORPH_ELLIPSE: 원형, MORPH_RECT: 사각형, MORPH_CROSS: 십자형)
- size: 출력 이진 이미지 (Size 객체)

다음은 침식연산(erode)와 팽창연산(dilate) 함수를 이미지에 적용한 예제이다.

```
#include "opencv.hpp"

using namespace cv;
using namespace std;

int main() {
    Mat img = imread("images\\closing.png",0);
    Mat erode_img, dilate_img, erode_img2, dilate_img2;
```

```
    threshold(img, img, 100, 255, THRESH_BINARY); // 이진 영상으로 변환
    Mat kernel = getStructuringElement(MORPH_ELLIPSE, Size(5, 5));
    erode(img, erode_img, kernel, Point(-1,-1),3);
    dilate(erode_img, erode_img2, kernel, Point(-1, -1), 3);

    dilate(img, dilate_img, kernel, Point(-1,-1),3);
    erode(dilate_img, dilate_img2, kernel, Point(-1, -1), 3);
    imshow("input", img);
    imshow("erode", erode_img);
    imshow("dilate", dilate_img);
    imshow("erode2", erode_img2);
    imshow("dilate2", dilate_img2);

    waitKey(0);
    return 0;
}
```

다음은 위 프로그램의 실행 결과이다. 왼쪽부터 차례대로 입력이미지, erode_img, dilate_img, erode_img2, dilate_img2 이미지이다.

위 결과를 보면, 침식연산 3번 적용 후 팽창연산을 3번 하면 내부의 검은색 잡티는 제거되고 글자의 굵기는 거의 그대로 임을 알 수 있다. 이렇듯이 침식 연산 또는 팽창 연산을 같은 횟수만큼 반복하게 되면 노이즈는 제거하고 이미지 형태를 보존할 수 있음을 알 수 있다. 위 그림 이미지와 같이 검은색 노이즈를 제거하기 위해서 침식을 적용한 후 팽창을 적용하는 것을 'opening' 연산이라고 한다. 반대로 팽창 연산을 적용하고 침식연산을 적용하는 것을 'closing' 연산이라고 한다. 일반적으로 opening은

white 노이즈 제거에 유용하고 closing은 black 노이즈 제거에 유용하다. 또다른 예시로 모폴로지 연산을 이해해보자. (1)번 그림이 입력 원이미지이고, (2)~(5)번은 9 × 9 원형 커널을 이용한 모폴로지 연산 결과이다. (2)번은 1번의 침식(erode)연산 결과이고 (3)번은 (2)번에 대해서 1번의 팽창(dilate)연산을 한 결과이다. (4)번은 (1)번에 대해 1번의 팽창 연산을 한 결과이고 (5)번은 (4)번에 대해 1번의 침식연산을 한 결과 이미지이다. 즉, (5)는 closing 연산 결과이고 (3)는 opening 연산 결과이다.

(1) 입력　(2) 침식 on (1)　(3) 팽창 on (2)　(4) 팽창 on (1)　(5) 침식 on (4)

만일, 위 (4)와 (5)에 clsing과 opening 연산을 한번 더 반복한다면, opening과 closing을 두 번 연속 적용한 결과가 되는데 그 결과 이미지는 아래 그림과 같이 된다.

(6) closing x2　(7) opening x2

openCV에서는 opencing, closing 등 erode와 dilate를 혼합한 모폴로지 연산을 하나의 함수로 정의해서 제공한다.

```
morphologyEx(img_in, img_out, op, kernel, anchor, iterations)
```

상기 함수 형식에서 인자들의 의미는 다음과 같다.

- img_in: 입력 이진 이미지 Mat 객체
- img_out: 출력 이진 이미지 Mat 객체

- op: 어떤 모폴로지 연산을 할 것인지 지시함
  MOPH_OPEN: 열기 연산(opening)
  MOPH_CLOSE: 닫기 연산(closing)
- kernel: 개별 픽셀 기준으로 모폴로지 연산의 대상과 범위를 정하는 Mat 객체
- anchor: 커널의 어느 부분에 해당하는 픽셀을 모폴로지 연산 결과로 변경할지 위치를 지정하는 Point 객체, (−1, −1)이면 커널의 중앙을 의미함, 기본값은 Point (−1, −1)임.
- iteration: 상기 모폴로지 연산의 반복 회수 (기본값 = 1)

MORPH_OPEN은 열기(opening) 연산이고 MORPH_CLOSE는 닫기(closing) 연산이다. 아래는 morphologyEx 함수를 이용한 열기와 닫기 연산 적용 예시이다.

```
int main() {
    Mat img = imread("images\\closing.png",0);
    Mat erode_img, dilate_img;

    threshold(img, img, 100, 255, THRESH_BINARY);
    Mat kernel = getStructuringElement(MORPH_ELLIPSE, Size(5, 5));
    imshow("input", img);

    morphologyEx(img, erode_img,  MORPH_CLOSE, kernel,
                Point(-1,-1),3);
    morphologyEx(img, dilate_img, MORPH_OPEN, kernel,
                Point(-1, -1), 3);
    imshow("erode_img", erode_img);
    imshow("dilate_img", dilate_img);

    waitKey(0);
    return 0;
}
```

다음은 위 프로그램의 실행 결과 이미지이다. 아래 왼쪽이 입력 이미지이고, 가운데가 closing 연산(팽창 후 침식), 맨 우측이 opening 연산(침식 후 팽창)을 3번씩 반복 적용한 결과이다. 이로부터 opening 연산이 black noise 제거에 유용함을 확인하였다.

모폴로지 연산이 유용한 또 하나의 경우는 다음과 같다. 좌측의 입력 그레이스케일 이미지에서 에지를 추출한 뒤 외곽선을 찾을 때, 에지 사이의 작은 틈으로 인해서 외곽선이 잘못 추출되는 경우를 최소화하는데 closing 연산이 유용하다. 아래 그림에서 가장 왼쪽이 에지 추출 결과 이미지이고 나머지는 외곽선 추출 결과를 외곽선 별로 그려 보여주고 있다. 좌측 아래 이미지에서 에지들 사이에 한 픽셀 정도 틈이 생겨서 외곽선 3개로 잘못 분리되어 추출된 것이다.

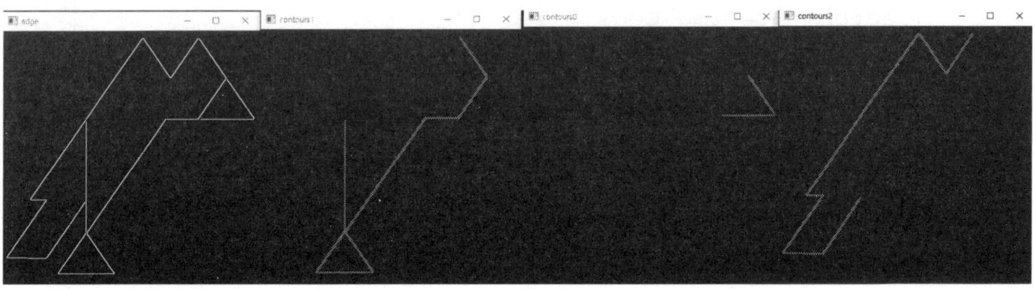

위 에지 추출 이진 이미지에 모폴로지 연산을 수행하여 clsoing을 하고 나면 에지가 제대로 추출된다. 외곽선 추출 전에 closing을 수행하는 일부 코드를 아래에 보여준다.

```
using namespace cv;

int main() {
   Mat img = imread("images\\bird.png");
   Mat gray, edge;

   blur(img, img, Size(3, 3));
   resize(img, img, Size(400, 400));
   cvtColor(img, gray, CV_BGR2GRAY);
   Canny(gray, edge, 50, 150);

   Mat kernel = getStructuringElement(MORPH_RECT, Size(4, 4));
   morphologyEx(edge, edge, MORPH_CLOSE, kernel);
   imshow("gray img", gray);
   imshow("edge", edge);

   vector<vector<Point>> contours;
   vector<Vec4i> hierarchy;

   findContours(edge, contours, hierarchy, RETR_CCOMP, CHAIN_APPROX_SIMPLE);

   int N = contours.size();
   cout << "# of contours= " << N << endl;
   vector<Mat> img_cont(N);
   for (int i = 0; i < N; i++) {
      img_cont[i] = Mat::zeros(img.size(), CV_8UC3);
      drawContours(img_cont[i], contours, i, Scalar(255, 0, 255), 2);
      imshow(string("contours")+to_string(i), img_cont[i]);
   }
   imshow("contours", img);
   waitKey(0);
}
```

아래 그림의 첫줄은 에지에 (4 × 4) 크기 커널로 closing 연산을 수행한 결과이다. 전체를 아우르는 외곽선과 부분별 외곽선을 포함해서 총 5개의 외곽선이 성공적으로 추출된다.

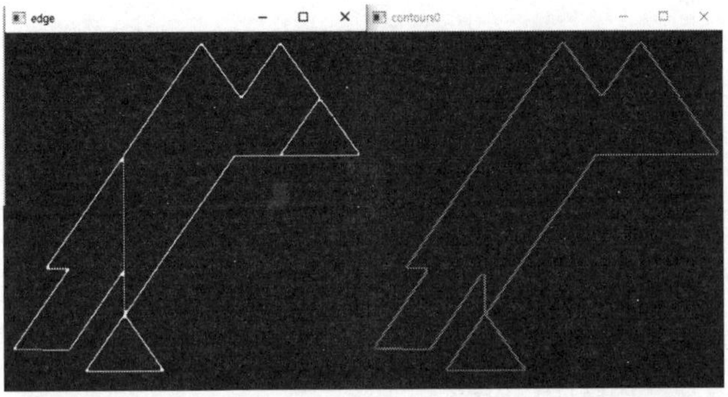
edge
contours0

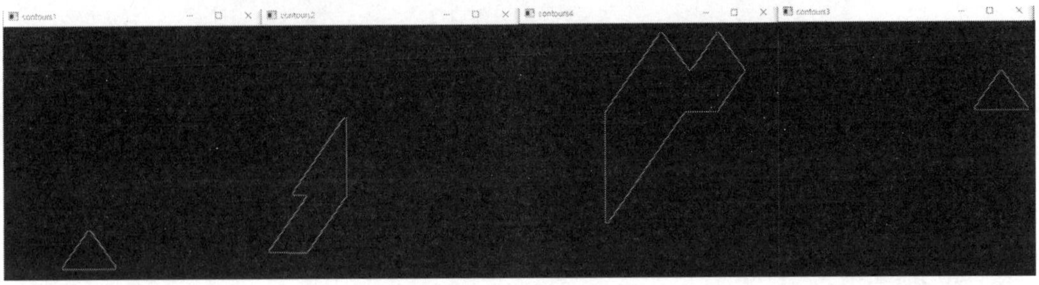
contours1
contours2
contours4
contours3

14 CHAPTER 영상처리 예제 프로젝트: 차선 인식

블랙박스 동영상 파일을 입력으로 받아서 차선을 인식하여 영상에 표시하는 프로그램을 소개한다. 블랙박스 영상의 특성과 차선의 특성을 반영하여 아래와 같은 절차로 차선인식 알고리즘을 고안하면 된다.

1. ROI 설정하여 영상 자르기
2. 컬러공간 변환
3. 노이즈 제거
4. 이진화 (색상정보 또는 밝기 정보)
5. 에지검출
6. 직선검출
7. 차선 판정
8. 차선 그리기

(1) ROI 설정하기

블랙박스 카메라가 차량의 상단에 주로 위치하기 때문에 아래 그림과 같이 입력 영상의 하단에 차로와 차선이 존재하게 된다. 따라서 관심영역(ROI)는 입력 이미지의 하단 절반으로 한정하고 차량의 본넷이 포함되지 않도록 아래쪽도 1/4 가량을 제외시키고 ROI를 설정한다. 앞으로 모든 차선 추출을 위한 알고리즘은 이 ROI 영상에 대해서만 적용하면 속도도 빠르고 오탐지도 줄일 수 있을 것이다.

(2) 컬러공간 변환

차선 검출을 위해서는 컬러 정보가 그다지 도움이 되지 않기에 관심영역(ROI)의 이미지를 그레이스케일로 변환한다.

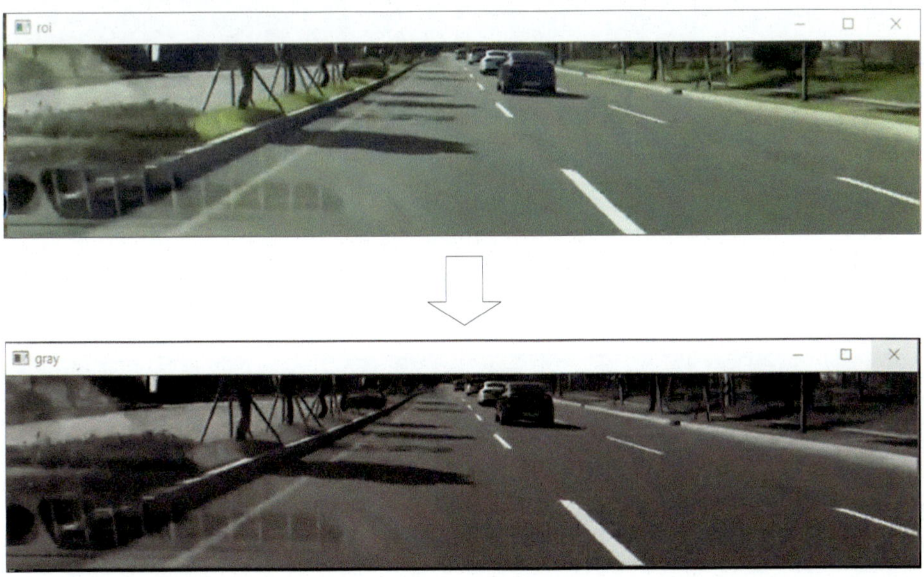

(3) 노이즈 제거하기

가우시안 블러링을 통해서 관심영역 내의 노이즈를 제거한다. 노이즈 제거는 이후에 수행할 이진화 및 에지 검출의 정확도에 도움이 된다.

(4) 이진화

차선이 전체 이미지에서 가장 밝게 보인다는 가정하에 이진화 threshold 값을 높은 값으로 적용한다. 그러나, 너무 높은 값을 적용하면 차선 일부가 지워지고 낮은 값을 적용하면 차선이 아닌 주변 이미지나 하얀색 차량도 검출이 되므로 이진화 threshold를 경험적으로 찾는다.

(5) 에지검출

Canny 에지 검출을 수행한다. 검출된 에지 정보는 직선 검출을 위해서 사용된다.

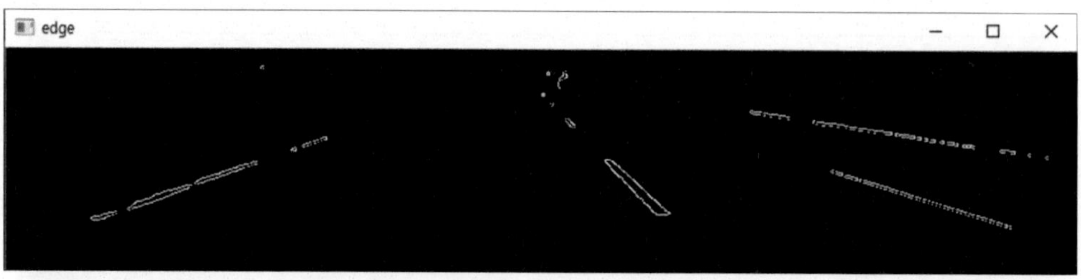

(6) 직선검출

Hough 변환을 이용하여 모든 직선을 검출한다. 차선이 긴 편이므로 길이 > 30인 선만 검출한다. 다음은 검출된 직선을 파란 선으로 표시한 이미지이다.

(7) 차선판정

상기 검출된 직선들 중에서 차선이 가지는 특성을 이용하여 차선에 해당하는 직선만 추출한다. 먼저 검출된 차선들의 끝점의 좌표와 기울기를 이용해서 좌측과 우측으로 분리한다.

- 좌측 차선 판단 기준
  (1) 직선 양끝점의 x 좌표가 모두 화면 중앙보다 좌측에 있고
  (2) 직선의 기울기가 음수이면 좌측 차선으로 분류
  직선이 양끝점이 (x1, y1)과 (x2, y2)일 경우, x1과 x2가 모두 ROI 중앙선의 x좌표보다 작은 값이어야 하고 아래 그림의 경우, 직선의 기울기에 의해서 y1 < y2이고 x1 > x2 이기에 (y1-y2)/(x1-x2)와 (y2-y1)/(x2-x1) 모두 음수가 된다.

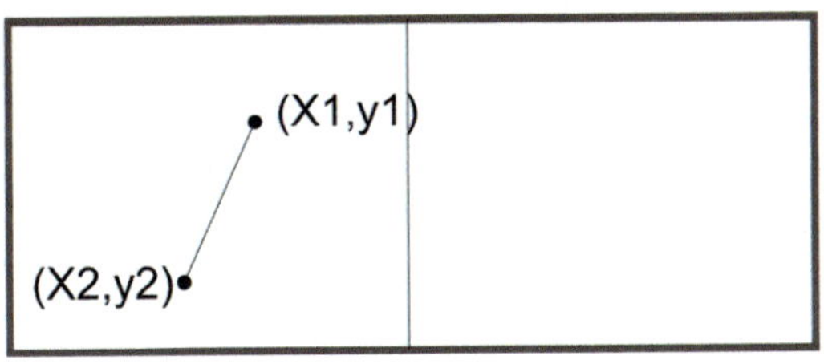

$$LSlope_{1\text{-}2} = \frac{y_1 - y_2}{x_1 - x_2} = \frac{음수}{양수} < 0$$

$$LSlope_{2\text{-}1} = \frac{y_2 - y_1}{x_2 - x_1} = \frac{양수}{음수} < 0$$

- 우측 차선 판단 기준
  (1) 직선 양끝점의 x 좌표가 모두 화면 중앙보다 우측에 있고
  (2) 직선의 기울기가 양수이면 우측 차선으로 분류
  직선이 양끝점이 (x1,y1)과 (x2, y2)일 경우, x1과 x2가 모두 ROI 중앙선의 x좌표보다 큰 값이어야 하고 아래 그림의 경우, 직선의 기울기에 의해서 y1 < y2 이고 x1 < x2 이기에 (y1-y2)/(x1-x2) 와 (y2-y1)/(x2-x1) 모두 음수가 된다.

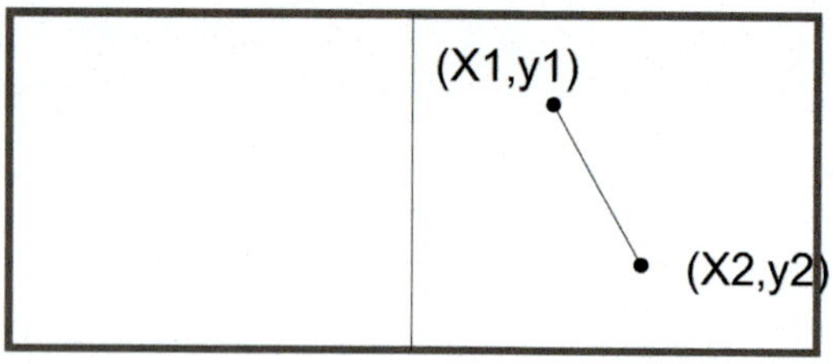

$$RSlope_{1\text{-}2} = \frac{y_1 - y_2}{x_1 - x_2} = \frac{\text{음수}}{\text{음수}} > 0$$

$$RSlope_{2\text{-}1} = \frac{y_2 - y_1}{x_2 - x_1} = \frac{\text{양수}}{\text{양수}} > 0$$

이러한 조건을 만족하는 차선들 가운데서 좌우측 각각 가장 기울기가 큰 것을 최종 차선 후보로 인식한다. 아래 그림은 최종 인식된 차선을 표시하였다. 좌측 차선은 녹색으로 우측 차선은 빨간색으로 표기하였다.

(8) 차선그리기

최종적으로 판단된 차선의 모양을 보기 쉽도록 관심영역 상부에서 하부를 가로지르는 직선을 그어 표기한다. 또한, 차선이 인식되지 않는 프레임에서는 이전 프레임에서 인식한 차선의 위치를 기억하여 이전 값을 그대로 유지하여 그리도록 하였다.

(9) 추가적인 고려:

* 아래와 같이 차 그림자에 의해서 차선이 가려지는 현상을 최소화하기 위해서는 threshold값을 지역적으로 동적으로 달리하여 계산할 필요가 있다.

* 가끔씩 차선을 오인식할 경우가 있어 차선 위치가 잘못 표시되는 경우가 있다. 이러한 문제를 완화하기 위하여 차선 위치를 이번 프레임에 인식한 하나의 값이

아니라 이전 여러 개의 프레임에서 인식한 차선 여러 개의 위치를 평균하는 mean filtering을 하거나 가운데 값을 취하는 median filtering을 하는 것이 더 자연스럽고 안정적인 차선인식에 도움이 될 것이다.

[최종 소스 코드]

```
using namespace cv;
using namespace std;

void draw_lane(Mat& map, Point p1, Point p2);

int main() {
    Mat frame, roi,bin, edge;
    VideoCapture cap("BB.mp4");

    if (!cap.isOpened())
        return -1;
   bool stop = false;
   Point pl1(0, 0), pl2(0, 0), pr1(0, 0), pr2(0, 0);

    while (1) {
        if (!stop) {
            cap >> frame;
            int width = frame.cols;
            int height = frame.rows;
            if (frame.empty())
                break;
            imshow("img", frame);
            Mat roi(frame, Rect(0, height / 2, width - 1, height
                                    / 2 - height / 8));
            imshow("roi", roi);
            cvtColor(roi, roi, COLOR_BGR2GRAY);
            imshow("gray", roi);
            GaussianBlur(roi, roi, Size(3, 3), 0.5);
            imshow("blur", roi);
            threshold(roi, bin, 200, 255, THRESH_BINARY);
```

```
imshow("bin", bin);
Canny(bin, edge, 180, 200);
imshow("edge", edge);
vector<Vec4i> lines;
Mat color_img;

HoughLinesP(edge, lines, 1, CV_PI / 180.0, 20, 30, 5);
cvtColor(roi, color_img, COLOR_GRAY2BGR);
Mat color_img_final = color_img.clone();

for (int i = 0; i < lines.size(); i++) {
    line(color_img, Point(lines[i][0], lines[i]
          [1]), Point(lines[i][2], lines[i][3]),
          Scalar(200, 0, 0), 2);
}
imshow("line", color_img);

vector<Vec4i> left, right;
int c_x = width / 2;
int left_idx = 0, right_idx = 0;

for (int i = 0; i < lines.size(); i++) {
    double dx = lines[i][0] - lines[i][2];
    double dy = lines[i][1] - lines[i][3];
    if (dx == 0)
        continue;
    double tan = dy / dx;
    double left_tan = 0, right_tan = 0;

    if (lines[i][0] < c_x || lines[i][2] < c_x) {
        if (tan < 0 && abs(tan)>0.323) { /* both left line*/
            left.push_back(Vec4i(lines[i][0], lines
                  [i][1], lines[i][2], lines[i][3]));
            if (tan > left_tan) {
                left_tan = tan;
                left_idx = left.size() - 1;
```

```
            }
        }
    }
    else if (lines[i][0] > c_x || lines[i][2] > c_x) {
        if (tan > 0 && abs(tan) > 0.323) { /* both right line*/
            right.push_back(Vec4i(lines[i][0], lines
                    [i][1], lines[i][2], lines[i][3]));
            if (tan > right_tan) {
                right_tan = tan;
                right_idx = right.size()-1;
            }
        }
    }
}

cout << "Total left lane # =" << left.size() << endl;
for (int i = 0; i < left.size(); i++) {
    line(color_img, Point(left[i][0], left[i][1]),
        Point(left[i][2], left[i][3]),Scalar
        (0,150,0), 1);
    cout << i << ": " << left[i][0] << "," <<
                        left[i][2] << endl;
}
if(left.size() >0)[
    pl1=Point(left[left_idx][0], left[left_idx][1]);
    pl2=Point(left[left_idx][2], left[left_idx][3])
    line(color_img, pl1, pl2, Scalar(0, 255, 0), 3);
}
cout << "Total right lane # = " << right.size() << endl;
for (int i = 0; i < right.size(); i++) {
line(color_img,Point(right[i][0], right[i][1]),
     Point(right[i][2],right[i][3]),Scalar(0,0,15
     0),1);
cout <<i << ": " << right[i][0] << "," <<
```

```
                right[i][2] << endl;
            }
            if(right.size()>0){
                pr1 = right[right_idx][1]);
                pr2 = Point(right[right_idx][2], right[right_idx][3]);
                line(color_img,pl1 ,pl2 ), Scalar(0, 0, 255), 3);
            }
            line(color_img, Point(c_x, 0), Point(c_x, color_
                            img.rows-1), Scalar(255, 255, 0), 1);
            imshow("left_right", color_img);

            draw_lane(color_img_final, pl1, pl2);
            draw_lane(color_img_final, pr1, pr2);

            imshow("lane X", color_img_final);
        }

        int key = waitKey(33);
        if (key == 27)
            break;
        if (key == ' ')
            stop = !stop;
        }
    }

void draw_lane(Mat& map, Point p1, Point p2) {
    float dx = p1.x - p2.x;
    float dy = p1.y - p2.y;
    float a = dy / dx;

    float b = p1.y - a * p1.x;
    float maxY = map.rows-1;
    float maxX = map.cols - 1;
    /*
    y = ax +b ==> b = y - ax = y1 - a * x1
```

```
     x = (y-b)/a
     for y = 0 => x = -b/a
        y = maxY => x = (maxY-b)/a
    */
    float x1 = -b / a;
    float x2 = (maxY - b) / a;
    x1 = (x1< 0)? 0 : x1;
    x2 = (x2 < 0)? 0 : x2;
    x1 = (x1 > maxX) ? maxX : x1;
    x2 = (x1 > maxX) ? maxX : x2;
    line(map, Point(x1, 0), Point(x2, maxY), Scalar(255, 255, 100), 2);
}
```

다음은 위 차선인식 프로그램의 출력 예시이다.

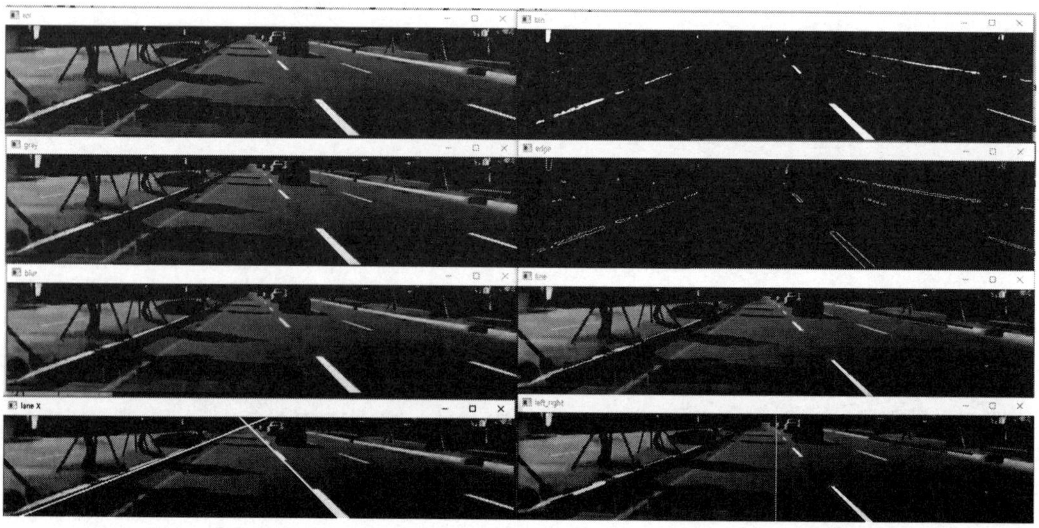

찾아보기